배우와 목소리

지은이 시실리 베리(Cicely Berry, 1926-2018)

RSC의 보이스 디렉터. 1969년, 당시 예술감독이던 트레버 넌에 의해 초빙된 이래 RSC에서 50년간 활동하였다. 1980년대부터 세계적인 명성을 얻게 되어 한국을 포함, 러시아, 중국, 캐나다, 포르투갈, 독일, 인도, 짐바브웨, 미국 등 17개국에서 그녀를 초청하여 그녀의 보이스 워크샵을 개최하였고, 이를 계기로 그녀는 세계적인 영향력을 얻게 된다. 로열 센트럴 스쿨 오브 스피치 앤드 드라마(Royal Central School of Speech and Drama)의 보이스 학과장 제인 보스턴은 "현대 영국 연극의 목소리 실기 체계를 세운 것은 시실리 베리이며, 영국의 목소리 실기가 갖는 지금의 위상은 바로 시실리 베리의 업적"이라고 평가한다.

옮긴이 이상욱

동국대학교 연극영화과 졸업
동국대학교 일반대학원 연극과 졸업
영국 로열 센트럴 스쿨 오브 스피치 앤드 드라마 보이스 석사(MA Voice Studies) 졸업
프랑스 로이 하트 씨어터, 폴란드 그로토우스키 인스티튜트, 미국 아서 레삭 인스티튜트, 영국 로열 셰익스피어 컴퍼니 등 다수의 보이스 워크샵에서 목소리 실기를 훈련하였고, 현재 중부대 연극영화학 전공에 출강하고 있다.

개정판 배우와 목소리

개정판 1쇄 발행일 • 2022년 6월 20일
옮긴이 • 이상욱 / 발행인 • 이성모 / 발행처 • 도서출판 동인
주소 • 서울시 종로구 혜화로3길 5 118호 / 등록 • 제1-1599호
Tel • (02) 765-7145~55 / Fax • (02) 765-7165
E-mail • dongin60@chol.com / Homepage • donginbook.co.kr

ISBN 978-89-5506-862-7   정가 15,000원

| 개정판 |

배우와 목소리

Voice and the Actor

시실리 베리 지음

이상욱 옮김

도서출판 | 동인

로열 셰익스피어 컴퍼니 Royal Shakespeare Company**는**

영국 연극을 선도하는 극단 중 하나이다. 극작가 윌리엄 셰익스피어의 희곡을 주요 레퍼토리로 삼으며, 그와 동시대인 작가들의 작품과 현대 희곡들을 공연한다. 전 세계적으로 900만 이상의 관객이 관람한 뮤지컬 마틸다 역시 RSC의 작품이다.

RSC는 영국 배우들이 가장 일하고 싶어 하는 극단 중 하나이다. 주디 덴치Judy Dench, 데이빗 오옐로David Oyelowo, 이안 맥켈린Ian McKellen, 다미안 루이스Damian Lewis가 이곳 출신이고, 현대 영국의 저명한 배우 대부분이 모두 이 극단의 작품에 출연했다.

RSC 작품에 출연한 배우는 오디션에서 많은 관계자에게 어필된다. RSC는 보이스 디파트먼트Voice department의 정기적인 지원을 바탕으로, 극단 배우들로 하여금 그 자체로 예술 형식인 셰익스피어 언어의 역동성을 마스터하도록 훈련하는데, 이것이 RSC 작품에 출연한 배우에게 권위를 주기 때문이다. 캐스팅 디렉터들은 그가 '훈련되어 있으며, 대본에 능하고, 신뢰할 수 있는 연기자'라는 인상을 받는다.

참조 ▌ Why You Should Care About the Royal Shakespeare Company
https://www.backstage.com/uk/magazine/article/why-you-should-care-about-the-royal-shakespeare-company-66856/

제가 대학원을 다니던 1999, 2000년에는 힘, 완벽, 정확 같은 단어는 배우 훈련 중 금기어 목록 거의 1순위였습니다. 이런 디렉션이 배우를 긴장하게 만든다는 것이 근거였고, 배우를 가로막는 최대의 적이 긴장임을 직시하던 저희들은 이 철학을 매우 열심히 따랐습니다. 저는 석사 논문을 늦게 썼기 때문에 이 철학이 저에게 영향을 미친 세월은 제법 깁니다.

시실리 베리는 이 금기어들을 정말 자유롭게 사용합니다. 마치 이런 단어 없이 연기나 목소리를 설명하는 것은 불가능하다는 듯이, 거침없이 씁니다. 저는 이게 시실리 베리에게 매료된 이유 중 하나였기 때문에 이에 대한 거부감이나 어려움은 전혀 없었습니다. 다만 이걸 어떻게 번역해야 할지에 대해 고민이 깊었을 뿐입니다. 시실리 베리는 연기를 소통communication으로 봅니다. 사실 소통은 목소리가 삶에 기여하는 대표적인 방법이고 우리가 목소리를 통해 하는 행위의 대부분이 소통이니 어찌 보면 이는 당연합니다. 그러나 만약 연기를 소통으로 번역한다면 한국의 독자들이 이 책이 연기 서적이란 사실을 뭘로 알 수 있느냐는 고민이 제 마음을 떠나지 않았습니다. 더욱이 언어, 듣는 이listener, 말하기, 이런 시실리 베리 특유의 표현을 원문 그대로 옮기면 설령 배우인들 이 책을 연기 서적으로 볼까? 아니 저자의 의도가 한국 배우들에게 정확히 전달될까? 하는 기우가 있었습니다.

이 책을 시실리 베리의 표현 그대로 다시 옮기기로 결심한 이유는 두 가지입니다. 첫째는, 시실리 베리의 보이스 웍은 뭐가 다르냐는 질문 때문입니다. 책으로 보이스 웍을 전하는 일은 분명히 한계가 있습니다. 그러나 누구와 비교해도 분명한 시실리 베리에 대해 뭐가 다르냐는 질문을 받을 때마다 저는 '내가 시실리 베리를 잘 못 전한 게 아닐까?' 하는 자책을 한 번도 멈춘 적이 없었습니다. 둘째는, 시실리 베리의 언어가 오히려 더 쉽게 설명함을 확인했기 때문입니다. 앞서 말씀드렸듯이 시실리 베리의 용어들은 독특합니다. 그래서 과거의 저는 이를 연기 용어로 바꿔 해설하며 수업과 워크샵을 진행하였습니다. 그러다 한 번은 난관에 부딪혀 학생들도 이해를 못 하고 저도 더 이상 다른 말을 찾지 못했던 적이 있었습니다. 도무지 방법이 없었기 때문에 저는 원서의 표현을 그냥 우리말 한 단어로 번역해서 던졌습니다. 포기하는 심정이었기 때문에 아무런 기대도 없었습니다. "애들아 그냥 번역해주면 … 하라고." 그런데 그 순간 모든 것이 정리되었습니다. 놀랍게도 학생들은 동시에 '아하!'를 연발하며 저의 아무런 후속 설명 없이 바로 실습을 진행한 겁니다. 저에게는 이 날이 전환점입니다.

개정판을 내며 저는 한 가지 욕심을 부렸습니다.

이 책의 초판을 읽어본 독자라면 책의 구성이 조금 불편했던 것을 기억하실 겁니다. 시실리 베리의 말과 저의 말을 혼동하지 않도록 하기 위해 저의 해설을 각주로 빼거나 챕터 끝에 삽입하였고, 저자의 언어 작업을 기록으로 남기려는 목적에서 영시 해설을 그대로 남긴 것 말입니다. 번역서라는 본분에 충실하기 위한 것이지만 이로 인해 책이 학문서가 된 느낌이 있고, 가독성도 조금 떨어졌던 것 같습니다.

그래서 저는 개정판에서 제가 시실리 베리인 양 연기하는 시도를 했습니다. 영어 소리에 대한 설명을 우리말 소리로 대체하는 작업을 각주나 챕터 뒤로 빼지 않고 마치 시실리 베리가 그렇게 말한 것처럼 이어간 것입니다. 초판에 번역된 영시 해설도 전부 삭제하였고 이를 모두 우리말 시로 대체하여 설명하는데, 마치 시실리 베리가 처음부터 책을 그렇게 쓴 것처럼 서술하였습니다. 이것 때문에 책을 보는 도중 의아해하실 수 있습니다. "아니, 시실리 베리가 우리 시를 이렇게 많이 안다고?" 그래서 처음에는 거부감도 있을 수 있다고 생각합니다. 그러나 개정판에서 이렇게 서술되면 이는 시실리 베리의 책을 영어로 읽을 때 받는 인상에 훨씬 더 가까워집니다. 학문적으로 정확히 구별하는 기록은 초판에서 이미 했으니 개정판의 시도는 이 시도대로 따로 평가해주시길 부탁드립니다.

마지막으로 초판 독자들께 사과 말씀드립니다. 제 나름으로는 많은 노력을 기울여 작업했다고 생각했는데 초판에 오역이 많이 발견되었습니다. 눈을 씻고 다시 보아도 믿을 수 없을 만큼 어이없는 실수도 있고, 사전만 갖고 공부한 영어 능력의 한계도 있었습니다. 저 역시 번역본을 사용해서 훈련과 수업을 많이 했기 때문에 이 오역들이 목소리에 문제를 일으킬 수준이라고 생각하진 않습니다. 다만 너무 부끄러워 고개를 들기 어렵습니다. 이를 만회하기 위해 개정판에서 많은 노력을 기울였으니 부디 넓은 아량을 베풀어주시길 간청드리겠습니다.

우리에게도 셰익스피어 희곡이 참 난적亂賊이지만 영어권 배우들에게도 셰익스피어는 부담스럽습니다. 16세기에 쓴 희곡이지, 운문Iambic pentameter 형식이지, 숨이 차서 제대로 읽지도 못할 만큼 긴 대사도 많지. 정말이지, 셰익스피어에 관해서는 그들도 우리만큼이나 할 말이 많습니다.

시실리 베리의 뛰어난 점은 어떠한 배우도 원문의 형식과 언어를 살리며 현대적인 기준의 자연스러움으로 셰익스피어를 연기할 수 있도록 도와준다는 데 있습니다. 시실리 베리가 보이스 디렉팅한 공연은 희곡의 언어를 뛰어나게 구현한다고 평가한다는 사실, 많은 연출가와 배우들이 그녀를 함께 작업하고 싶은 보이스 디렉터로 손꼽는다는 사실은 그녀가 단순히 옛 것에 경도된 연극인이 아님을 쉽게 이해하게 해줄 것입니다.

시실리 베리를 번역해야겠다고 마음먹은 이유는 우리말을 가장 우리말답게 해주는 보이스 웍voice work을 찾고 싶었기 때문입니다. 만약에 그녀의 음성 작업이 영국의 4대 극단 중 하나라고 할 RSC에서 40년 이상 공연을 통해 성과를 보여주었다면, 그리고 이미 유럽 대륙은 물론 러시아, 남미, 인도, 중국 등에까지 확장되어 효력을 인정받은 것이라면 우리말에도 좋은 모델이 될 수 있겠다고 생각하였습니다.

그러나 애석하게도 그녀의 책은 번역하기가 어렵습니다. 무엇보다도 그녀가 언어words를 바탕으로 작업하고 있기 때문에, 원본에 충실하게 책을 다 번역할 경우 그 책은 대한민국 배우와 아무런 상관이 없는 책이 되어 버립니다. 그렇다고 그 부분을 생략해버리면 『배우와 목소리』Voice and the Actor는 책의 절반 이상이 날아가 버립니다. 따라서 연습 훈련에서 사용하는 음운과 음소를 우리말의 그것으로 바꿔주고, 제재題材로 사용하는 텍스트는 우리 것으로 대체해야 하는데, 이 작업이 또한 호락호락하지 않습니다.

이러한 어려움에도 불구하고, 이 책을 번역하자고 결심한 것은 그녀가 23년 동안 배우들과 작업하며 쌓아온 지혜와 노하우가, 특히 목소리에 관련된 실용적인 조언들이 이 책에 너무 많이 담겨 있기 때문입니다.2 극장의 크기에 맞게 발성을 바꿀 때 내면의 섬세함과 진실을 유지하며 공간을 채우는 문제부터 시작해서 캐릭터의 크기size와 유머, 배우의 에너지, 양식적인 언어를 다루는 열쇠에 이르기까지 목소리와 관련해서 배우가 부딪힐 수밖에 없는 중요한 문제 대부분을 이 책이 다루고 있기 때문입니다.

하지만 언어 간의 차이 때문에 생기는 장벽, 특히 영시와 우리 시가 갖는 형식적 특성의 차이는 이 책의 번역본을 조금 기형적으로 만들었습니다. 우선, 자음과 모음을 다루는 3장에서 영어 음소가 아닌 우리말 음소를 사용하였습니다. 그래서, 원서에 나온다 할지라도 우리말이 사용하지 않는 음소는 생략하였고, 우리말과 비슷한 음소라 해도 소리 구현 방식이 다를 경우에는

---

1   우리나라에서도 1999년과 2000년에 서울연극제 행사의 일환으로 시실리 베리의 발성 및 텍스트 워크샵이 진행되었다.

2   지금까지 RSC에서 보이스 디렉터로 활동한 햇수를 따지면 40년이 넘고, 그전에 배우들과 보이스 코칭을 한 세월을 포함하면 60년이 넘는다. 그러나 이 책의 초판을 쓸 무렵 보이스 프랙티셔너로 작업한 세월은 23년 정도 된다.

시실리 베리의 원문을 생략하고 우리말 소리 해설[3]로 대체하였습니다. 대신에, 독자들이 시실리 베리의 말과 번역자의 말을 혼동하지 않도록 번역자의 말은 모두 각주로 뺐습니다. 또한, '2. 이완과 호흡', '4. 총체적인 소리', '5. 시 읽기'에 나오는 영시英詩와 시실리 베리의 영시 해설 상당수를 걷어 냈습니다. 가장 큰 이유는 번역시에서는 그녀의 시 작업 해설이 성립하지 않기 때문입니다. 그러나 시실리 베리의 언어 작업을 유추해볼 수 있도록 영시 몇 개를 본문에 남겨 놓았고, 생략된 영시와 언어 작업 해설은 '부록 2'에 다시 실어 독자들이 참고할 수 있도록 하였습니다.

이런 작업이 꼭 필요하다는 생각으로 시작했지만 돌이켜 보면 무능한 사람이 객기를 부렸다는 생각이 듭니다. 충실한 번역을 만들기 위해 올 초엔 영국에 가서 스트랏포드에 머물며 6주간 시실리 베리를 만나고 왔지만 과연 그 귀한 기회를 잘 활용한 것이었는지 아쉬움도 남습니다. 하지만 작고 모난 돌이라도 얹어봐야 누군가 개울을 건널 것이란 마음은 지금도 변함이 없습니다.

많이 부족한 사람을 선생님이라고 믿고 따라와 준 경산1대학 방송연예연기과 2기, 3기, 4기 학생들, 계명대학교 연극예술학과 10기 B반 학생들, 황태웅, 안재범 교수, 강현준 원장, 강현민 선생. 그밖에 저와 함께 시실리 베리 보이스 웍을 공부해준 모든 분들께 감사를 드립니다. 그리고 이 길을 항해할 수 있는 근본적인 힘을 주신 홍윤희 선생님, 저의 첫 화술 스승 항나 누나, 학부 졸업 후 12년 만에 만났지만 기꺼이 멘토가 되어주신 강춘애 선생님, 무엇보다 일고一考의 고민도 없이 흔쾌히 번역을 승낙해 준 시실리 베리에게 깊은 감사를 드립니다. 사실 시스는 당신의 보이스 웍을 우리말로 완전히 옮기고 싶다는 한국의 무명 연기 선생의 한마디 말에 아무 조건 없이 그리고 전폭적인 지원으로 함께 해줬습니다. 똑같은 질문을 어설픈 영어로 대여섯 번 반복해도 싫은 기색 한 번 내비치지 않은 그녀에게 다시 한번 감사드립니다.

---

3   우리말 자모의 발음 방법에 관해서는 이호영, 『국어 음성학』, 태학사, 2003을 참조하였다.

피터 브룩Peter Brook 서문

연극계는 훈련을 중시합니다. 어떤 극단에서는 훈련이 곧 그들의 삶의 방식이죠. 하지만 우리에게는 훈련의 개념과 반대되는 건강한 본능이 있어서 어떤 사람은 노래하는 게 좋아 노래하고 어떤 사람은 춤추는 게 즐거워 춤을 추는데, 아무런 훈련 없이 그들은 자기에게 요구되는 것을 실수 없이 잘 해내요. 그렇다면 훈련이란 게 정말 필요할까요? 자연을 신뢰하고 본능에 따라 행동하면 그걸로 충분하지 않을까요?

시실리 베리가, 그녀의 보이스 웍의 바탕에 두는 믿음은 이렇습니다. 모든 것이 자연에 담겨 있지만, 우리의 천부적 본능은 여러 과정에 의해—사실은 왜곡된 사회로부터 부가되는 조건에 의해—날 때부터 불구가 되어 있다. 따라서 배우는 자기의 숨은 가능성을 펼치고 '순간의 본능'에 진실할 수 있도록 해주는 정교한 훈련과 이에 대한 분명한 이해가 필요하다.

그녀의 책이 엄청난 설득력을 갖고 지적하듯, 테크닉은 신화에 불과합니다. 옳은 발성은 없기 때문이죠. 절대적이고 바른 유일한 길은 없습니다—그저, 자기가 하는 방법 외에는 다 틀렸다고 말하는 무수히 많은 잘못된 방법이 있을 뿐이죠. 목소리를 잘못 쓰면 감정이 사라지고, 활력이 줄어들며 표현이 둔해집니다. 개성을 죽이고, 표현이 일반화되고, 친밀감이 시들죠. 이렇게 만드는 장애물은 다양한데, 이는 음성 기관의 한 부분처럼 자리 잡은 오래된 습관들의 결과물이에요; 이들은 인지되지 않은 채 모른 채 남아 저절로 사라지는 법이 없어요.

따라서 우리는 소리 내는 방법이 아니라 허락하는 방법을 훈련해야 해요: '어떻게 목소리를 자유롭게 놓아줄까?' 목소리의 생명력은 정서에서 솟아나기 때문에, 단조롭고 영감을 일으키지 못하는 기술적인 연습으로 목소리는 결코 충분해질 수 없어요. 시실리 베리는 말하기가 전인적인 행위, 즉 내적 생명력의 표현이라는 본질적인 인식에서 결코 떠나지 않아요. 그녀는 시를 고집해요. 왜냐하면 좋은 시verse는 화자에게 반향을 일으켜 일상의 말everyday speech에서는 좀처럼 일어나지 않는 깊은 경험을 일깨우기 때문이죠. 그녀와 목소리 수업을 한 번 해보고 난 뒤 저는 배우는 목소리로 말하는 것이 아니라 인간관계를 통해 얻는 성숙함으로 말한다는 것을 알게 되었어요. 이 말이 특화시키는 것의 정반대에 있는 그녀의 작업에 대해 제가 보내고 싶은 헌정사입니다. 시실리 베리는 보이스 티처voice teacher가 연극의 모든 영역에 관계되어 있다고 보아요. 그녀는 대사의 소리를 의미 문맥과 결코 분리하지 않을 거예요. 그녀에게 이 둘은 떼어낼 수 없기 때문이죠.

이것이 이 책을 매우 필요한, 귀중한 책으로 만들어요.

차 례

배우는 결단코 알아선 안 된다.
배우는 언제나 발견해야 한다.

—

시실리 베리

An actor must never know,
an actor must always discover

—

Cicely Berry

서 론
Introduction

목소리는 일상생활에서 여러분이 다른 사람과 의사소통할 때 사용하는 수단이에요. 자신을 어떻게 어필하는가? 즉 어떤 옷을 입고, 어떤 자세로, 어떤 표정으로 말하는가, 그리고 무의식적으로 어떤 제스처를 취하는가 하는 것이 우리의 인상을 결정하겠지만 우리의 생각과 감정은 결국 '말하는 목소리'the speaking voice가 전달해요. 여기에는 우리의 어휘와 단어 선택 방식이 포함되죠. 따라서 이런 결론이 성립해요: 목소리가 당신의 생각과 감정에 능률적으로 잘 반응할수록 여러분의 말은 여러분의 의도를 더 정확하게 반영한다.

목소리는 미묘한 복합체예요. 상대로부터 들은 얘기와 그걸 듣는 방식, 그리고 자기의 경험과 성격 안에서 목소리를 어떻게 사용할 것인지를 모두 반영해요. 이는 상당히 복잡한 과정인데 크게 네 가지 요인에 의해 영향을 받아요.

환경environment. 여러분은 어릴 때 말하기를 거의 무의식적으로 배웠어요. 필요하니까. 뭔가 필요한데 자기 주변에서 들리는 소리가 있어 거기에 영향을 받은 거예요. 이는 모방의 과정이어서, 여러분은 가족이나 함께 자라는 그룹과 비슷하게 말을 시작했어요─즉 비슷한 억양과 비슷한 자모로 말을 한 거예요. 목소리를 이 시기에 얼마나 능숙하게 사용했는지, 사용할 때 어려움은 없었는지─다시 말해 원하는 걸 얼마나 쉽게 얻었는지─하는 것이 나중에 개인의 피치pitch[4] 사용에 영향을 미쳐요.

귀ear. 이는 소리 감지 능력을 말해요. 다른 사람과 비교할 때 어떤 사람은 소리를 더 잘 분별하고, 어떤 사람은 더 정확한 소리를 내요. 만약 당신에게 좋은 귀가 있다면 목소리에 담긴 굉장히 많은 음notes과 자음과 모음의 다양한 차이를 들을 수 있을 거예요. 이는 소리의 즐거움을 동반하는데, 여러분은 지금 제공되고 있는 것에 훨씬 더 넓은 선택의 폭이 있다는 걸 알아차릴 거예요. 그리고 목소리가 할 수 있는 일에 대해 빠르게 알아차릴 거예요.

신체적 민첩성physical agility. 사람마다 근육에 대한 지각과 자유도가 달라요; 이는 전부라고 말할 수 없지만 어느 정도 환경의 영향을 받아요. 왜냐하면 이건, 말로 자신을 쉽게 표현할 수 있느냐와 관계있는데 교육에 의해 어느 정도 결정되기 때문이에요. 내적이고 사려 깊은 사람은 종종 말하는 데 더 어려움을 느껴요. 자기 생각을 다 표현하지도 않죠. 말하는 데 일종의 주저함이 있는 거예요. 이런 태도는 확실히 말하는 근육에 영향을 미쳐 근육을 덜 강하게 만들고, 덜 긍정적인 결과를 낳아요. 말로 소통하는 걸 싫어할수록 근육을 덜 사용하는데, 이는 자신감과 관계된 문제지 사실 게으름과는 거의 상관이 없어요. 말보다 빠른 속도로 생각해서, 말을 잘라내고 제대로 마무리하지 못하는 사람도 있죠. 여러분은 내면의 의도와 말을 하는 신체적 행동을 연결해야 해요.

성격personality. 성격은 이 세 가지 인자를 해석하는데 이를 바탕으로 여러분은 자기 목소리를 무의식적으로 형성해요. 따라서 모방에서 시작했지만, 결국, 가족과 환경에 대한 여러분의 정서적 반응, 소리에 대한 민감도, 소통하고

자 하는 개인의 필요, 그리고 목소리 사용의 용이함 등이 동인動因이 되어 여러분은 완벽히 개인적인 자기의 목소리와 화술 능력을 발달시키는 거예요.

목소리는 주변에서 벌어지는 일에 놀라울 만큼 민감하게 반응해요. 대체로 시골 사람의 말이 도시 사람의 말보다 느리고, 음악적인데 도시의 말은 날카롭고, 빠르고, 호흡이 얕아요―예를 들어 뉴욕, 런던, 글라스고Glasgow의 말은 매우 비슷한 특징이 있어요. 생활 조건이 영향을 미쳐 거기에 따라 말의 리듬, 피치, 억양이 변하는 거예요. 정도가 미세하긴 하지만 마찬가지로 인간관계, 환경과 상황에 대해 느끼는 수월함 역시 개인의 목소리에 끊임없이 영향을 주죠.

자기 목소리에 대한 자기 이미지는 상대가 듣는 것과 곤혹스러울 만큼 다를 때가 많아요. 자신이 생각하는 자기 모습과 다른 경우도 많고요. 예를 들어, 대부분의 사람들은 녹음한 자기 목소리를 처음 들을 때 충격을 받아요―꼭 병에 걸린 사람 같고, 피치가 높고, 싱겁든지, 바보 같죠. 목소리를 녹음해서 듣는 것이 반드시 좋은 평가 방법이 되진 않아요. 소리에 대해 선택적이기 때문에 녹음기는 목소리에 대한 전체 윤곽을 주지 못하기 때문이에요. 이건 사진이 사실적이지만 그 사람에 대해 완전한 모습을 주지 못하는 것과 같아요. 자기 목소리는 다른 사람이 듣는 것처럼 들을 수 없어요. 우선, 자기 소리는 머리 공명과 뼈의 전달을 통해 듣기 때문에 외부에서 전달되는 형태로 들을 수 없고, 더 중요한 건 자기 목소리를 주관적으로 듣기 때문이에요. 즉 자기가 생각하는 소리 콘셉트와 연결 지어서, 자기가 내려 했던 소리를 생각하면서, 자기가 말하려고 했던 의도로 자기 목소리를 듣는 거예요. 본인은 그걸 다 알고 있으니까. 따라서 자기 목소리에 대한 자기 인상은 철저히 주관적이 돼요. 그 결과 당신이 남에게 어떤 인상을 주는지, 당신의 목소리가 당신의 의도와 얼마나 부합하는지 당신은 확신할 수 없어요―현실과 상반되는 상상을 하는 경우도 빈번해요.

목소리에 대한 평가는 지극히 사적인 언급이어서 자신에 대한 평가로 여겨질 수 있고, 파괴적으로 작용할 수 있어요. 여러분에게 필요한 건 목소리의 가능성을 열고, 목소리가 할 수 있는 일을 발견하여 주관과 객관 사이에서 균형을 찾는 일이에요.

말하기에 관계하는 신체 기관을 훈련하고, 자신이 세운 기준에 대해 담대해짐으로써 여러분은 그걸 성취할 수 있어요. 말하기와 소리내기는 근육을 사용하는 신체적인 행동이에요. 따라서 운동선수가 근육을 능률적으로 쓰기 위해 훈련하는 것처럼, 또는 피아니스트가 손가락의 유연성을 올리기 위해 훈련하는 것처럼, 만약 여러분이 목소리에 관계하는 근육을 훈련한다면 여러분은 그 근육들의 소리 능률을 올릴 수 있어요.

소리가 어떻게 만들어지는지 한 번 간략히 살펴봐요. 소리를 내려면 때리는 물체와 맞는 물체 두 가지가 필요한데 이 물체들은 그 충격을 견디며 그 충격에 상응하는 진동을 만들어야 해요. 이 진동vibration이 주변의 공기를 방해해서 음파sound waves를 만드는데, 여러분의 귀가 이 음파를 받아들여 그에 맞게 해석하는 거예요. 만약 방에서 소리를 낸다면 방 안의 빈 공간은 그 소리를 더 증폭시킬 거예요. 공간이 비어 있을수록, 벽이 소리를 덜 흡수할수록 소리는 더 증폭될 거예요. 그 예로 성당처럼 돌로 된 건물은 소리를 흡수하는 재질로 된 방보다, 그리고 벽에 구멍이 많은 방보다 상대적으로 소리를 더 증폭시켜요. 음악 소리musical sound에는 공명resonance이라는 3번째 요소가 있어요. 이는 공명 공간이나, 나무처럼 공명을 일으키는 재질인데 이것이 첫소리를 증폭시키고 늘려주어 여러분이 그에 해당하는 음을 듣는 거예요. 바이올린을 예로 들어볼게요: 활이 현絃을 켜면 그 길이와 팽팽함에 따라 현이 진동하는데 이 진동이 주위의 공기를 방해해 음파를 형성하면 여러분의 귀가 이를 소리로 바꾸고 여러분이 바이올린의 음을 듣는 거예요. 현의 첫소리는 나무 케이스에 의해 공명되고 증폭되는데, 각 케이스는 원음의 배음harmonics에 해당하는 고유 진동수를 갖고 있어서, 그것이 바이올린의 고유 음색을 만들어요. 바이올린 소리는 악기에 따라 크게 다를 수 있어요. 활과 현의 질, 케이스의 정확한 규격, 나무의 재질, 케이스를 만든 방식 등은 공명을 다르게 만들고 이로 인해 배음이 조금씩 다르게 설정돼요. 그래서 악기마다 소리가 다름에도 불구하고 두 바이올린 소리를 같은 음으로 인식할 수 있는 거죠. 게다가 연주자가 악기를 연주하는 방식도 소리를 엄청나게 바꿀 수 있어요. 그러나 피치를 결정하는 건 현의 길이와 팽팽함이에요.

사람의 목소리도 바이올린에 비유할 수 있어요. 호흡은 목소리에서 첫 충동인데, 호흡이 후두 안에 있는 성대를 서로 가까이 다가가게 해 진동이 일어나게 하고, 이 진동이 음파를 형성하면 가슴, 인두, 후두 위 빈 공간, 구강, 비강, 얼굴뼈, 그리고 머리의 빈 공간은 공명을 일으키죠.

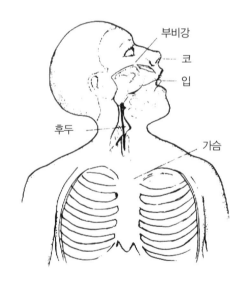

사람마다 골격의 모양과 형태가 다르기 때문에 내재적으로 모든 사람은 다른 소리를 가져요. 그러나 당신이 어떻게 호흡하는지, 공명 공간을 어떻게 사용하는지가 열쇠이기 때문에 이를 최대한 잘 사용하는 것이 중요해요.

1 목소리의 발달 단계
Vocal Development

이 책에서 가장 유용한 부분은 연습 훈련exercises일 거예요. 중요한 것은 훈련이니까요. 이 연습을 하면서, 그리고 꾸준히 하면서 여러분은 자기 목소리를 신체적으로 더욱 자각하게 되고, 여러분이 마음껏 사용할 수 있는 공명을 자유롭게 누리게 될 거예요.

저는 책 끝부분에 훈련의 핵심적인 내용을 요약하였어요. 여러분이 목소리를 새롭게 인식하는 경험을 하고 난 뒤, 그것들이 길잡이로서 여러분에게 필요한 것과 도움이 되는 것을 상기해주길 바라요.

중요한 건, 이 훈련을 단순히 신체적으로 뛰어나게 만드는 훈련으로 보지 않는 거예요. 이건 여러분을 신체적으로, 그리고 전인적으로 준비시킬 거고, 어떤 상황에서도 여러분이 본능적으로 반응할 수 있도록 할 거예요. 여러분은 오직 배우로서 완전한 준비상태가 되어 있을 때에만 매번 새롭게, 자유로이 극적 행동에 들어갈 수 있어요. 다시 말해, 목소리가 자유로워지면 '내가 이 장면을 어떻게 연기할 수 있을지'를 생각하기 위해 그 상황에서 나올 필요가 없어요. 행동이 일어나는 순간 여러분이 그걸 바로 할 수 있기 때문이에요.

훈련은 여러분을 더욱 기술적으로 만드는 것이 아니라 더욱 자유롭게 해야 해요.

또한 여러분은 이 훈련을 꾸준히 하면서 자신에 대해, 그리고 자신의 연기하는 태도에 대해 더 잘 알게 될 거예요.

제가 볼 때 목소리의 발달은 세 단계를 거쳐요. 여러분이 이완과 호흡을 연습하고, 입술과 혀의 근육성Muscularity을 강화하면 이를 통해 목소리는 더 자유로워지고, 더 열려요. 여러분은 애를 덜 쓰는데 더 힘 있게 말하게 되고, 소리가 더 분명해지고, 여러분에게 없는 소리라고 생각했던 음note이 담기는 걸 들으며 놀라게 돼요. 이것이 첫 번째 단계인데 매우 고무적이에요. 이 단계가 중요한 건 자기 목소리가 잠재력이 있다는 증거를 보기 때문이에요. 여러분은 목소리 능력과 음성 반응력을 키우는 데 있어 텍스트를 사용하는 연습이 얼마나 이로운지 들을 수 있을 거예요.

두 번째 단계는 이 자유와 유연성을 연기하는 작품(캐릭터)에 적용하는 것인데 이땐 일이 훨씬 복잡해져요. 여러분은 자기 목소리의 긴장과 한계limitation가 실은 배우로서 자신이 소통(연기)communication할 때 갖게 되는 긴장과 한계란 걸 발견하게 될 것이고 그렇기 때문에 이를 버리는 게 쉽지 않음을 알게 될 거예요. 이때는 자기의 연기 과정 전체에 대해 질문하고 조정해야 해요. 왜냐하면 이제 여러분은 목소리만 따로 분리해서 생각할 수 없고, 오직 지금 하고 있는 연기와 결부해서 이해해야 하기 때문이에요.

가령, 어떤 배우는 목소리에 두성음 공명head resonance 비중이 지나치게 높아요. 이는 흉성음chest notes이 목소리를 보강해주지 못하도록 '연구개'와 '혀 뒷부분'이 긴장하기 때문에 생기는데, 소리를 두는 위치에 대한 오해에서 비롯되기도 해요. 에너지가 머리 공명head resonator에 집중되면 목소리는 금속성metallic을 얻어 바깥으로 잘 뻗어가고 배우는 이 소리를 힘 있고, 선명한 자기가 의지할 수 있는 음색이라고 생각하기 때문에 여기에 익숙해져요. 그러나 듣는 사람의 귀에 이 소리의 음질은 온전하지 않아요. 왜냐하면 이는 가늘고, 흉성음이 줄 수 있는 따뜻함과 풍부함을 결여하고 있어 목소리의 가능성을 좁히기 때문이에요. 이 긴장을 제거하고 중심에서, 낑낑대는 노력 없이 목소리에 에너지를 줄 수 있는 다른 위치를 발견한다면 목소리는 훨씬 큰 유연성과 자유를 얻게 돼요; 이는 더 완전complete한 소리이기 때문에 배우에게 더 큰 확신을 주어요. 혼자 연습하는 배우도 이 모든 유익을 느낄 거예요. 그러나 관객 앞에서 연기하는 상황이 왔을 때, 자기가 평소에 애쓰던 그 노력이 사라진 걸 배우가 긍정적으로 보기란 대단히 어려운 일이에요. 자기가 의존해 왔던 긴장이 사라졌기 때문에 배우는 어쩔 줄 몰라해요. 왜냐하면 그 긴장은 일종의 감정적인 분장make-up으로 관객에게 헌신하는 방법이자, 어쩌면 자기 확신을 얻는 수단이었거든요. 그렇다면 이건 목소리의 문제를 넘어서요. 왜냐하면 중심에 연결된 목소리는 더 힘 있고, 더 긍정적인데 이는 여러분에게 소통하기 위해 얼마만 한 에너지가 필요한지, 이 에너지를 어디에서 발견할지 판단할 것을 요구하거든요. 여러분의 문제가 무엇이든 이 자유가 효력을 일으킬 걸로 믿기까지는 시간이 걸려요.

목소리는 전적으로 개인적인 현상이어서 일반적인 용어로 말하기가 매우 어려워요. 목소리는 내적 자아를 소통하는 수단이고, 여기에는 심리, 신체적인 요인도 작용하기 때문에 훈련 지시문을 주관적으로 해석할 위험도 있어요. 따라서 우리는 목소리를 이해하는 확고한 바탕, 상식적인 이해와 기준을 발견해야 해요. 이는 훈련과, 근육의 정확한 움직임, 이들이 목소리에 주는 효과를 경험할 때 가능해요.

긴장과 제한은 언제나 신뢰가 부족할 때 생겨요: 어떤 이미지를 전달하거나 소통해야 해서 너무 염려하고 있거나, 관객이 자신에 대해 뭔가 믿게 하고 싶은 거예요. 경험 많은 배우도 소위 잘 먹히는 걸 지나치게 의존해서 자신을 제한하는데 이 역시 자유가 부족한 거예요. 배우는 관객과 소통하기 위해 자기가 의지할 수 있는 방법을 찾아야 해요. 이게 연기의 한 부분이에요. 하지만 만약 배우가 에너지와 진실을 찾기 위해 언제나 똑같은 방법만 고집하면 관객은 그를 예측할 수 있어요. 결국 그는 정체되고, 처음에 좋았던 것도 매너리즘이 돼요ー연기가 항상 똑같으니까요. 매력적인 목소리를 갖고 목소리를 잘 사용하는 배우라 해도 그의 대사가 쉽게 예측된다면 관객들은 더 이상 놀라지 않을 거예요. 신뢰가 부족할 때 일어나는 일이 바로 이런 것들이에요. 매 역할을 빈 캔버스 위에 그리듯 선입견 없이 연기하기 위해서는, 즉 대사를 어떻게 해야 한다는 선입견 없이, 자기가 할 수 있는 방식만 고집하지 않기 위해서는 신뢰가 필요해요. 오직 준비된 상태에 있을 때에만 목소리는 해방될 거예요.

　따라서 두 번째 단계는 편한 것을 버리는 작업을 수반하고, 이는 우리에게 굴하지 않고 꾸준히 훈련해 에너지에 대해 깨달을 것을 요구해요ー우리의 에너지가 어디에 있고, 그걸 어떻게 사용하는지. 모든 불필요한 긴장은 에너지를 낭비해요. 그러나 이보다 더 중요한 건, 만약 여러분이 에너지를 충분히 사용하지 않으면 관객과 소통하는 데 실패할 거예요. 지나치게 사용하면 호흡이 과하게 실리거나, 자음이 깨지거나, 소리가 너무 커져 에너지는 분산되고요. 그러면 관객은 뒤로 물러나죠. 왜냐하면 이는 여러분이 에너지를 밀고, 꾸며내고, 내면에서 발견하지 못하기 때문인데, 정서를 강요하고 감정을 강조할 때 그렇게 돼요. 일상에서도 어떤 사람이 너무 걱정하거나, 너무 열정적이면, 혹은 우리를 구석으로 밀고 가 말을 걸면 우린 그 사람에게서 벗어나고 싶어지잖아요? 배우와 관객의 관계도 마찬가지예요. 여러분은 목소리의 신체적 균형을 얻기 위해 노력해야 해요. 이것이 연기의 균형을 잡도록 도와줘요ー이 균형을 자주 발견할수록 다시 소환하는 것이 쉬워져요. 여러분이 어느 기간 이상 꾸준히 훈련을 해야 근육 구별에 대한 필수 감각들이 생기고, 근육들이 어떤 역할을 하는지 이해할 수 있어요. 그렇게 될 때 목소리는 기를 쓰지 않고도involving no efforts 내재적인 음질을 얻게 돼요. 이는 양방향 과정two-way process인데 무척 놀라워요. 하고 싶은 말이 무언지 여러분이 알고 있는데, 말을 하는 신체적인 과정 중에 의미가 새로운 차원을 띠는 거예요.

요약할게요. 여러분은 지금 근육 에너지를 찾고 있어요. 이를 발견하면 밀지 말아야 해요. 에너지는 스스로 흘러나올 거예요. 이때 감정도 밀지 말아야 해요. 목소리를 통해 흘러나올 테니까요. 여러분이 배우로서 이를 자신의 의도와 통합할 때 여러분은 여러분이 추구하는 것, 즉 신체 에너지와 정서 에너지의 통일을 발견한 것이고 여러분은 세 번째 단계에 와 있는 거예요. 세 번째 단계의 목표는 오직 단순화예요. 갑자기 매우 단순한 연습들이 특별한 목적을 띠고, 이완과 호흡, 입술과 혀의 근육성을 위한 직접적인straightforward 훈련들이 여러분의 토대이자 바탕이라는 견해를 갖게 돼요.

목소리를 최고로 잘 사용하려면 결국 '꾸준히 훈련해야 한다'는 당연한 결론에 도달함에도 불구하고, 여러분은 이 훈련이 왜 필요한지 이해하는 복잡한 단계를 거쳐야 해요. 목소리와 소통은 분리할 수 없기 때문에 여러분은 훈련이 효력을 내기 전부터 소통의 문제와 필요에 대해 이해해야 해요. 관객과 소통하는 일은 복잡하고 포착하기 어려워요. 배우가 달라져도, 그리고 배우가 연기하는 대본이 바뀌어도 타당성이 변해요. 하지만 목표는 언제나 선명하게 연기하는 것이에요. 감정을 지나치게 넣거나 너무 설명적으로 연기한다면, 혹은 자기 의도를 보여주기 위해 애쓰거나 여러분이 재미있다고 느끼는 것을 보여주려 들면 대사는 흐려질 수 있어요. 그리고 긴장해도, 즉 자기가 부족하다고 생각하는 뭔가―예를 들면 크기size―를 보충하려 들어도 흐려질 수 있어요. 캐릭터를 빈약하게 구축한 배우는 존재감을 얻기 위해 자신의 목소리를 낮게 내리는 경향이 있는데 이는 그를 제한하고 작게 만들 뿐이에요. 배우는 자신의 크기 안에서 신뢰하는 법을 배워야 해요. 사람들이 자신에 대해 봐주길 바라는 걸, 자기가 느끼는 걸, 이해하는 걸 계속 신호하면 여러분은 진실한 소통을 막고 있는 거예요.

제 생각에, 배우들이 가장 두려워하는 것 중에 하나는 자기가 관객의 관심을 끌지 못한다고 느끼는 거예요. 누구나 자기 자신에 충실하면 흥미로울 수밖에 없기 때문에 이건 전혀 두려워할 필요가 없어요. 당신이 "이게 저예요. 제 목소리는 달라질 거고, 아마 좋아질 거예요. 하지만 지금은 이게 저예요." 라고 말할 수 있다면 그때 목소리는 열릴 거예요. 분명한 건, 균형 잡힌 배우일수록 훈련의 가치를 더욱 실현할 수 있어요. 우리의 상식적인 토대는 근육 움직임을 통해 목소리를 경험하는 것이 되어야 한다고 말한 이유가 바로 여기 있어요. 여러분은 이런 경험을 스스로 적용해야 해요. 이런 경험이 쌓일수록 여러분은 더욱 실재적인 배우가 될 거예요.

최우선의 목표는 목소리의 가능성을 여는 것이어야 하고 이를 위해 여러분은 듣기 시작해야 해요. 이는 여러분이 가진 외적 소리를 들으란 의미가 아니에요. 여러분이 가진 음성 자원vocal resource을 매우 특별하게 듣고, '여러분이 말하도록 요구되는 것'을 듣고, 대본이 담고 있는 것을 들으란 의미예요. 이는 시간이 걸리고 정적stillness을 요구해요. 여러분은, 어떻게 나야 좋은 소리이다, 어떻게 소리 내었으면 좋겠다는 생각에 지나치게 좌우돼요. 이런 생각들은 상당히 논리적이어서, 여러분은 이것 때문에 사용하는 음역을 제한하고, 본능적인 반응도 가로막아요. 대본이 소리 내는 것을 들어보기 전에 혹은 대본이 말하는 것을 들어보기 전에 여러분은 여러분의 소리에 대해 준비되어 있어요. 이는, 다시, 다른 형태의 근심이 되어 여러분을 급하게 보여주게 만들죠. 매 순간 새롭게 들을 수 있도록 훈련하고, 대사에 대해 끊임없이 질문하세요. 오직 그럴 때에만 목소리는 진정성 있게 살아나요.

제가 볼 때, 엄청나게 많은 목소리 훈련이 부정적인 견해를 바탕으로 시행돼요. "목소리를 바로 잡으라", "더 좋게 하라"라는 건데 그 말이 갖는 모든 사회적, 개인적 맥락은 어떤 식으로든 당신으로 하여금 당신의 목소리가 충분히 좋지 못하다고 생각하게 만들어요. '표준 모음과 일치하지 않는 부분을 제거'하고, 자음을 다듬고, 목소리를 멀리 보내고, 공명을 충분히 지속하는 톤을 유지하라고 강조하는 거예요. 마치 소리 내는 법과 대사하는 방법이 있다는 듯이요. 배우의 소리는 관객에게 즐거움을 줄 수 있어야 해요. 이는 음률이 살아서well-tuned 리드미컬하게 들려야 하는 문제인데 이를 위해 당연히 자음과 모음의 소리는 잘 정의well-defined되어야 해요. 그러나 이뿐 아니라 여러분의 목소리 안에 있는 생기를 키우고 '그 음악'에 대한 자각력을 올려서 목소리가 대본의 요구를 실현하게 하고, 자음과 모음을 더 정확하게 만들 수 있어야 해요. 왜냐하면 그럴 때에만 여러분이 의미의 정확성the accuracy of the meaning에 대해 깨어나기 때문이에요. 발성과 화술을 바로 잡으려는 태도는 배우의 '바른'right 목소리 사용 능력을 감소시켜, 소위 좋은 화술이라는 관습적인 틀로 배우를 묶어요. 이렇게 되면 목소리는 배우를 정확히 담지 못해요. 그리고 배우를 가로막고 연기를 무디게 만들죠. 여러분이 해야 하는 건 목소리를 열어, 그 음악이 여러분이 하고 있는 대사의 음악과 어우러지게 하고, 모음과 자음이 날카로워져 말의 의미를 정확히 집어내도록 하는 것이에요.

제 생각에는 젊고, 매력 있는 많은 배우들이 이 '가로막는 방식의 훈련' 때문에 목소리에 대해 작업하는 걸 꺼리는 것 같아요. 개인적인 영역을 방해받으며 목소리를 멋있게 만드는 걸 피하고 싶은 건 매우 납득할 만해요; 그들은 자기 개성을 잃을 것이 두려워 목소리 훈련을 신뢰하지 않는 거예요. 그러나 이런 염려는 그 어떤 경우에도 목소리 훈련과 관계없어요. 이런 종류의 태도는 영국 화술에 결부되어 있는 계급성과 관련된 유물인데, 감사하게도 이젠 그 중요성이 점점 사라지고 있어요. 만약 당신이 지역 악센트5나 약간 신사적

---

5   지역이나 사회 계층에 따라 영어를 발음하고 사용하는 고유한 방식을 갖고 있는데 이를 악센트라고 한다. 우리말 사투리는 지역마다 어휘와 조사, 어미가 바뀌기 때문에 영어의 악센트와는 다른 개념이다. 우리말 맥락에서 이를 이해해 본다면 사투리 발음

이지 않은 말투를 갖고 있다면 여러분의 잠재의식에는 이걸 표준 발음으로 고치면 자기의 남자다움과 생기를 잃을 거란 두려움이 있을 텐데, 이게 진짜 장애물이에요. 이건 아마 자기 고향을 부정하는 느낌일 거예요. 그러나 만약 여러분이 잘못된 이유로라도 말하는 방식을 한 가지만 고집한다면 이는 자신의 목소리를 가로막고 자신의 목소리로 전달되는 내용도 가로막는 거예요. 만약 이를 의식적으로 한다면 목소리는 진실하지 않을 것이고 연기 또한 좋을 리 없어요. 이건 치명적인 문제예요. 이때 관객은 배우가 연기하는 캐릭터가 아니라 배우에 집중하게 돼요.

여러분이 이해하듯, 목소리의 본질적인 진실을 유지하며, 자기 아닌 다른 사람의 감정을 위해 사용하고, 연극의 대극장이나, TV 또는 영화 카메라를 위해 전달되도록 충분히 크고 유연하게 하는 것은 섬세한 균형감을 요구해요. 이를 성취하기 위해 여러분은 '기술적 훈련'과 '상상력을 사용하는 훈련'을 보완적으로 사용해야 해요. 즉 사용할 수 있는 모든 방법을 다 동원해야 해요. 서로 다른 양 극단에서 작업하기 때문에 이 둘이 모순되어 보일 수 있지만 여러분은 결국 그 중간에서 만날 거예요.

노래 부르기는 당연히 목소리 능력을 신장시켜 주는 훌륭한 방법이에요. 이는 호흡 근육을 강화하고, 가슴과 머리에서 공명을 발견하여 사용할 수 있게 해요. 무엇보다 노래는, 제 생각에, 소리가 튀어 나가는 느낌을 주고, 감정이 지나치게 개입되지 않는 애쓰지 않는 소리를 경험하게 해요. 여러분이 종종 감정을 너무 강하게 밀기 때문에, 그리고 여러분에게는 목소리가 자유롭게 나오는 경험이 필요하기 때문에 노래 부르기는 유익해요. 그러나 배우는 자기 목소리를 악기로 생각하면 안 돼요. 이 생각은 목소리를 배우의 몸 밖에 있는 어떤 것, 그래서 뭘 하기 위해 사용하는 도구라고 암시하는데 그렇게 되면 목

___

과 억양을 사용해서 하는 서울말, 또는 서울 발음과 억양을 사용해서 하는 사투리로 이해할 수 있다.

소리는 진실을 담지 못해요. 당연히 목소리는 흥미로워야 해요. 그러나 여러분이 말하고 있는 내용이 흥미롭고 놀라운 이상 목소리는 흥미롭고 놀랍게 돼요. 흥미로워지는 것을 목표하지 말아요. 이는 다시 여러분이 추구해야 할 균형점인데, 감정을 갖되 또한 동시에 감정을 놓아줄 수 있어야 해요. 저는 목소리를 노래를 위해 훈련하는 것과 연기를 위해 훈련하는 것의 차이를 인식하는 것이 중요하다고 생각해요. 왜냐하면 소리를 어디에 두어야 하느냐에 대한 오해가 여기에서 시작될 수 있기 때문이에요. 이 둘을 위해 여러분은 소리가 갖는 모든 가능성을 열 필요가 있어요. 하지만 노래를 부를 때 여러분은 소리에 대한 특별한 훈련을 통해 메시지를 전달해요—소리가 곧 메시지죠—따라서 에너지는 공명에 있어요. 반면에 배우에게 목소리는 자아의 확장이고 그 가능성은 배우 자신만큼이나 복합적이에요. 이는 둘의 기본적인 차이가 소리sound와 말word의 균형에 있다는 뜻이에요. 배우에겐 궁극적으로 언어the word가 영향을 미쳐야 해요. 왜냐하면 그의 생각과 감정의 결과물이 담긴 곳이 바로 언어이기 때문이에요. 따라서 언어 안에, 그리고 '강세를 두고'stressing[6], '길이를 늘리고'lengthening[7], '억양을 바꾸는'inflecting 수백만 가지 방법 안에 배우의 에너지가 놓여야 해요. 이것이 두성head voice의 비율이 지나치게 높을 때 관객과 소통하지 못하는 이유예요—두성은 언어word를 강화하지 못해요.

당신의 목소리는 당신에 대해 정확해야 해요. 따라서 당신의 목소리는 당신이 생각하고 느끼는 것뿐 아니라 당신의 육체적인 실존physical presence까지 투영할 필요가 있어요. 배우는 자기 말이 아닌 종이에 인쇄된 말을 다루기

---

6 우리말은 강세를 문법 요소로 사용하지 않기 때문에 이는 우리말 화술에 해당되는 요소가 아니라고 생각하기 쉽다. 그러나 여기서 시실리 베리는 문법 강세 외에 화용적인 요소로서 강세, 음률 요소로서 강세까지 언급한 것이다.

7 음절의 길이를 구성하는 요소는 자음의 양과 모음의 길이이다. 이에 대해서는 3장에서 자세히 서술하고 있다.

때문에 그 말을 자기 것으로 만드는 방법을 끊임없이 찾아야 해요. 대사의 지적, 정서적 동기들을 찾기 위해 배우가 하는 모든 작업은 언어에 대해 알려주고 말을 살아나게 하죠. 그러나 목소리를 내는 데 관여하는 모든 신체적인 요소에 최대한 민감해짐으로써 이를 심화할 수 있어요. 여러분이 갈비뼈 하부와 횡격막 그리고 복부에서 호흡을 열수록 소리가 어디에서 시작되는지 느낄 수 있고, 목소리가 그곳으로 뿌리내리게 할 수 있어요. 그로 말미암아 몸통 전체는 소리 내는 데 관여하고 배우의 몸도 소리의 일부가 돼요. 이것이 신체적 실존physical presence이에요. 역동적이며 자유로운 움직임과 함께 목소리 훈련을 하면 놀라운 결과를 낳을 수 있어요. 왜냐하면 그런 움직임들이 배우로 하여금 다른 곳에 집중하게 해 목소리가 몸 전체와 관계 맺는 것을 돕고, 다른 질감의 소리를 경험하게 하기 때문이에요. 배우는 내면으로 많은 것을 상상하며 섬세하게 작업할 수 있어요. 하지만 배우의 목소리가 몸에 깊이 연결되어 있지 않다면 그 말은 완전하지 않을 거고 흥미로운 것들을 어느 정도 가릴 거예요.

호흡이 생명 유지에 필수적이듯 우리의 필요를 전하기 위해 소리를 내는 것은 필수적이에요. 말은 그 상황을 표현하고 싶은 신체적인 필요로 인해 일어나요. "간담이 서늘하다", "머리카락 끝이 곤두선다", "겁을 집어 먹다"와 같은 표현을 생각해 봐요. 이는 모두 공포 혹은 공격받을 위험에 대한 우리의 반응을 전하는 인간 본연의 표현이에요. 두려움에 사로잡혀 어떤 신체적 변화가 생길 때 우리는 이런 감각을 경험해요. 사람은 모든 감정과 몸 상태에 대해 생리적으로 반응해요. 그 예로, 당신이 기분이 좋을 때와 기분이 나쁘거나 피곤할 때 당신의 피부와 머리카락은 매우 다르게 반응해요.

말the words은 호흡과 깊이 연결되어야 해요. 저는 빨리 말하는 연습을 많이 한다고 해서 이걸 성취할 수 있다고 믿지 않아요. 왜냐하면 그런 건 의미도 없고 말의 근육적 연결과 그 가능성을 알도록 하는 데 조금도 기여하지 않거든요. 제겐 이류 대본으로 작업하는 것도 시간 낭비로 보여요. 더 좋은 대본을 사용할수록 더 많은 가능성이 열릴 거예요.

목소리 훈련을 혼자 하는 건 어려워요. 뭘 훈련해야 할지 결정을 못 하겠고, 잘못하고 있진 않나 하는 염려도 의욕을 꺾어요. 목소리 훈련을 해야 된다는 부담 역시 긴장을 조장해요. 하지만 일단 이 훈련을 시작해 보면 설명을 따라가는 것이 그렇게 어렵지 않아요. 저는 이 책의 훈련을 누구나 할 수 있다고 생각해요. 매번 여러분이 이 책의 연습을 다 할 수 없다는 건 분명해요. 그러나 여러분이 훈련이 어떻게 발전하는지 이해하는 것이 중요하기 때문에, 저는 다음 두 챕터에서 훈련을 쭉 다룰 거예요. 예를 들어, 바닥에 누워서 이완/호흡 연습을 할 때는 앉거나 서서 할 때보다 훨씬 많은 시간을 써야 해요. 갈비뼈와 횡격막이 열리는 건 시간이 걸리거든요. 따라서 연습할 때마다 이 특별한 연습들을 매번 다 할 수는 없어요. 그러나 여러분이 훈련의 원리들을 이해한다면 그것이 다른 훈련을 도와줄 거예요. 한 시간은 훈련해야 한다고 느끼며 시간에 쫓겨 그러지 못하는 것보다, 30분을 결심하고 그 시간을 매일 지키는 것이 훨씬 좋아요.

배우마다 단계도 다르고 필요도 다양하지만 연습 훈련들이 서로 연결되어 있기 때문에 모든 배우가 각 챕터의 연습들을 어느 정도 해야 해요. 훈련에 익숙해질수록 연습하는 속도가 빨라질 거고 원하는 목표에 맞게 과제를 취사선택하는 능력도 올라갈 거예요.

이 연습들은 여러 단계에서 효력을 발휘해요. 어떤 때에는 리허설이나 공연을 위한 준비 작업으로 사용할 수 있고, 어떤 때에는 더 깊은 문제를 해결하도록 도와주는 훈련으로 사용할 수 있어요. 어떤 경우에 사용해도 이 훈련은 생산적인 결과를 낳을 거예요.

2 이완과 호흡
Relaxation and Breathing

배우들이 요구하는 건 가능한 한 자유롭고 풍성한full 톤의 목소리를 완전히 자기 것으로 삼는 거예요. 또한 말의 음역range을 넓히고, 힘power을 키우고 필요할 때 이를 언제든 사용할 수 있기를 원해요.

목소리는 불편한 감정에 놀라울 만큼 예민해요. 일상에서 여러분이 조금이라도 긴장하거나 상황을 장악하지 못하면 목소리는 이에 반응해요. 두려움이라는 기본적인 감정이 사람의 모든 방어 기제를 작동시키는데 그 결과 긴장이 상체에, 특히 목과 어깨에 생겨요.

여러분은 배우가 목소리에 얼마나 의존하는지, 그래서 목소리가 어땠으면 좋겠는지 하는 것을 알고 있는데 이러한 지식도 긴장을 일으키는 데 기여해요. 가장 큰 문제는 연기할 매체와 극장의 크기가 다양하다는 거예요. 만약 배우가 대극장에서 연기한다면 그는 힘겨워 보이지 않아야 하고, 목이 쉬거나 '톤의 친밀함이 제거되지 않아야'8 해요. 그런데 영화나 TV 스튜디오에서는

---

8   볼륨을 키워 말을 하면 의도치 않게 화를 내는 걸로 오해받기도 하는데 이런 일이 일어나지 않아야 한다는 의미이다.

고도의 자연주의 연기 스타일을 사용하면서, 대사의 의미와 에너지 그리고 뉘앙스를 선명하게 유지해야 하죠. (이는 자연스럽게 말하는 것과는 전혀 다른 문제예요.)

그래서 저는 크기를 가장 먼저 다룰 거예요. 왜냐하면 이게 배우를 긴장시키는 가장 큰 이유가 될 수 있기 때문이에요. 캐릭터나 감정의 크기 같은 문제는 뒤로 미루고, 지금은 단순히 극장을 채우는 데 필요한 크기에 대해서만 이야기할게요. 이 문제는 부분적으로 볼륨(음량)하고 관계가 있어요; 또한 관객에게 다가가는 태도와도 관계가 있는데 이건 여러분이 시간을 더 쓸 것을 요구해요. 또 부분적으로는 분명한 근육 사용firmness, 소리의 강도solidity와도 관계있어요. 중요한 건 관객은 서로 말하는 배우들에게 관심이 있다는 거예요. 배우가 제3의 인물이나 관객에게 말을 걸기 시작하면 그 순간 대사는 특별해질 것을 멈추고, 배우는 관객과의 소통을 놓쳐요. 대사가 들리는데 이해되지 않으니 관객이 더 알려고 하지 않는 거예요.

만약 당신이 목소리를 밀기 시작하면 이런 일들이 일어날 거예요.

1. 피치가 살짝 올라가고 목소리는 이상하고 초점 없는 톤을 띤다. 이것이 음성의 유연성과 자연스러운 억양을 제거하는데 이는 대사를 '수사적인 톤'rhetorical tone[9]으로 만든다. 그렇게 되면 의미도 구체성을 잃는다.
2. 소리가 동일한 압력에서 나오는데 이것이 관객을 소외시킨다. 왜냐하면 자기의 귀가 공격받고 있기 때문이다. 그래서 관객은 듣지 못하게 된다.
3. 뒷목의 긴장이 성문[10]을 조여 목소리의 저음역부, 즉 흉성음을 제거한다. 이 긴장이 톤에 옷을 입혀 어떠한 음역을 사용하건 배우가 똑같은 소리를 내게 한다. 이는 억양을 가로막기 때문에 배우의 말은 더 이상 고유

---

9   자연스러운 말씨가 아닌 말을 멋지게 하려고 꾸민 듯한 말씨.
10   성대가 발성하는 곳.

해지지particular 못하고 일반적이 된다.

4. 이것이 가장 중요한데, 소리를 밀고 있기 때문에 관객은 말보다 소리에 더 주목하게 된다.

이는 모두 같은 결과를 낳아요; 목을 긴장하는데 큰소리를 내려고 하니 소리를 목에서부터 밀어 흥미로운 저음 배음이 모두 제거되는 거예요. 여러분의 에너지가 잘못된 곳에 있는 거예요. 목은 여러분이 절대 애를 쓰지 말아야 할 곳이에요.

스튜디오 연기에서 음량을 작게 써야 한다는 것도 오해를 일으키고 배우의 연기를 가로막아요. 여기에 필요한 자연주의 연기를 위해, 배우는 '음량만 줄인 완전한 톤'으로 말하는 대신 제가 하프 보이스half-voice라고 부르는 걸 사용해요. 이는 목소리에 담긴 다양한 색깔을 제거해요. 한정된 공간에서 연기하기 때문에 움직임도 제한받으니 긴장은 더욱 깨기 어려운 장애물이 되어요. 결국 무대에서 누리던 음성적 자유는 얻기 어려워지고 목소리 조절은 더욱 힘들어져요.

이러한 제약은 다양한 모양으로 나타나요. 어떤 캐릭터를 연기할 때는 일어나는데 어떤 캐릭터에서는 일어나지 않고, 어떤 조건에선 일어나지만 어떤 조건에선 일어나지 않죠. 중요한 건, 어떤 종류이든 긴장은 배우의 능률을 저해하는데, 배우는 자기가 왜 긴장하는지 이해하지 못해도 지금 자신이 눌려 있는 걸 알아요. 그래서 이것이 배우의 자신감에 영향을 미쳐 배우는 더 긴장하게 돼요. 이건 거의 악순환이에요. '욕조에서는 누구나 다 가수'라는 옛 속담은 상당히 일리 있는 말이에요. 음향적으로 욕실은 공명을 강화시키는데 그 안에서 노래하면 노래를 잘하는 것처럼 들려요ㅡ그 결과 당신은 노래를 실제로 더 잘하게 돼요. 이는 과장이 아니에요. 여러분은 자기 목소리를 신뢰해야 해요. 그래야 목소리를 가장 잘 사용할 수 있어요. 좋은 목소리를 얻기 위해 지나치게 애쓰지 말아야 하지만 좋은 목소리는 얻어야 해요.

분명하게 말씀드리는데 큰 극장을 채우려면 더 많은 힘이 필요하고, 스튜디오 연기를 할 때에는 매우 특별한 조절 능력이 요구돼요. 그 에너지가 어디 있는지, 또 그 에너지를 어떻게 방출할 수 있는지 여러분은 발견해야 해요. 엘리엇Eliot의 말처럼 "우리가 돌보도록 가르친 뒤 돌보지 않도록 가르쳐야" 해요. 돌보는 것은 목소리를 준비하기 위해 하는 훈련이고, 돌보지 않는 것은 놓아주는 거예요.

목소리와 바이올린의 비유를 다시 생각해 봐요. 바이올린 소리는 활을 켜는 방식, 현의 질과 팽팽함, 그리고 공명통(케이스)이 얼마나 잘 만들어졌는지에 좌우돼요. 목소리는 호흡에 의존하는데, 너무 많으면 기식breathy을 일으키고 너무 적으면 성문 발성glottal attack이 되어 소리를 딱딱하게 만들어요. 바르고, 깨끗하게, 그리고 모든 호흡을 사용해 소리를 내야 해요. 바이올린의 현에 해당하는 성대는 여러분이 조절할 수 없어요. 성대에 대해 배우가 할 수 있는 것은 거의 없어요. 오히려 성대는 잘 못 사용할 때에만 인지할 수 있어요. 인두를 긴장하거나, 호흡이 준비되기 전에 소리를 억지로 내거나, 타이밍을 못 맞추거나, 낼 수 있는 음역을 넘어서는 소리를 계속 내거나. 그러면 성대에 혹이나 작은 알갱이가 생기는데 이게 생기면 목소리를 적절히 조절할 수 없게 돼요. 이건 심각한 문제가 될 수 있어요. 이때에는 이비인후과 전문의를 찾아가는 것이 최선이에요.

목소리의 음질은 공명 공간이 좌우해요. 22쪽에 있는 그림을 보면 목소리에 기여하는 공명 공간이 어디인지 알 수 있을 거예요.

그림을 보면 여러분이 낸 첫소리가 증폭되는 혹은 공명이 되는 거대한 공간이 있는 걸 알 거예요. 뼈는 그 자체로 이 증폭 과정의 일부가 될 수 있는데 여러분은 척추의 뿌리와 복부까지 진동이 내려가는 걸 느낄 수 있어요. 당신이 공명을 잘 사용할 수 있을지 여부는 호흡과 완벽한 자유로움(혹은 이완)에 달려 있는데 이는 사실 좋은 자세를 유지하고 있는가의 문제예요.

예를 들어 만약 당신의 등이 똑바르지 않다면 흉곽은 적절히 열릴 수 없고 갈비뼈 아래쪽에 움직임의 가능성이 매우 작아져요. 허리의 곡면이 도드라지면 척추전만을 일으키는데, 만약 요추가 이렇게 되면 척추의 다른 부분이 이를 보충해 몸의 균형을 유지해야 하기 때문에 흉곽 윗부분이 뒤로 당겨져요. 일부러 이 자세를 취해 보면, 이 자세에서 갈비뼈가 위로 들리며 넓게 열리는 것이 얼마나 어려운지 알게 될 텐데 갈비뼈의 자유는 분명한 톤과 자신감을 위해 절대적으로 필요해요.

마찬가지로 등의 아랫부분도 좋은 자세를 유지해야 해요. 만약 어깨가 앞으로 굽어 있다면 균형을 잡기 위해 고개를 뒤로 당겨야 해요.

뒷목의 공명 공간이 완전히 눌리게 되면 뒷목에서 톤을 더해주지 못해요. 일부러 과장되게 이 자세를 취해 보면 이 긴장이 일으키는 결과를 쉽게 이해할 수 있어요. 긴장은 다른 긴장을 유발해요: 예를 들어 허리가 긴장하면 어깨가 긴장되고, 뒷목이 긴장하면 후두와 성대가 있는 목 앞쪽이 긴장해요. 후자가 특히 안 좋은데 이는 쉽게 목소리를 지치게 만들어요. 또한 목의 긴장은 턱을 긴장하게 하고, 턱의 긴장은 혀 뒤와 연구개에 영향을 미쳐요.

확실히 전 지금 긴장에 대해 지나치게 이야기하고 있어요. 그래야 그 영향을 이해하는 것이 더 쉬워지기 때문이죠. 이 정도로 심하게 긴장하는 경우는 극소수예요. 그러나 거의 모든 사람이 어느 정도는 긴장을 해요. 긴장은 객석 멀리 대사를 전달해야 할 때 생기기 쉬운데, 이는 목소리를 가로막고 목소리의 풍부함과 울림을 제거해요. 그렇게 되면 관객과 배우는 행복한 관계를 유지할 수 없어요. 배우의 긴장을 알아차린 관객은 공연이 목표하는 환영 illusion을 자유롭게 즐길 수 없거든요.

긴장은 공명 공간 사용을 가로막듯 호흡도 제한해요. 바이올린의 소리가 연주자의 활 솜씨에 좌우되듯 좋은 목소리는 '호흡'과 '호흡의 자유로운 운용'

에 의해 좌우되어요.

　아래의 그림을 보면, 흉곽 아래에는 갈비뼈가 움직일 공간이 충분히 있어요. 왜냐하면 등 쪽 갈비뼈는 모두 척추에 붙어 있지만 앞쪽 갈비뼈는 흉곽 아래에서 복부를 비워둔 채 붙어 있고, 맨 밑의 두 쌍은 서로 완전히 떨어져 있기 때문이에요. 반면에 상부의 6쌍은 앞에서는 흉골에, 뒤에서는 척추에 붙어 있어요. 따라서 흉곽 상부에서 호흡을 마시려면 갈비뼈 전체를 움직여야 하고 호흡을 조금만 마시려 해도 힘을 많이 써야 해요. 불행하게도 많은 운동 훈련athletic training에서 호흡을 마시기 위해 이 부분에 집중해요. 왜냐하면 이곳이 당신으로 하여금 짧고 빠르게 호흡할 수 있게 하기 때문이에요. 만약 여러분이 이렇게 훈련했다면 이 습관을 고치기 어려워요. 이 호흡법은, 흉곽 위쪽과 어깨에 많은 긴장을 일으키기 때문에 목소리를 위해서는 완전히 잘못된 방법이에요.

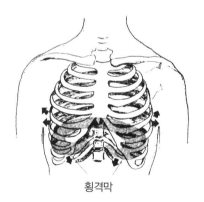

횡격막

　낑낑대지 않으며without effort 가능한 한 많은 호흡을 마실 필요가 있고, 그 호흡으로 소리를 내야 해요. 만약 여러분이 갈비뼈 하단에서, 특히 횡격막이 내려올 때 등과 위stomach에서 호흡을 발견하면 몸통 전체가 공명으로 기여하며 소리의 한 부분이 될 거예요. 이때 여러분은 척추 전체가 호흡 주기의 한 부분이 되고, 소리의 일부가 되는 걸 느낄 수 있어요. 그 결과 신체적 실재가 목소리 안에 담기게 돼요. 만약 호흡이 몸의 윗부분에 국한된다면 여러분의 목소리는 여러분의 일부분만 반영하게 돼요. 사실 목으로 소리 에너지를 만드는 아주 적은 호흡을 갖고도 소리를 낼 수 있어요. 저는 이걸 '대뇌적인 소리'cerebral sound라고 부르죠—이는 의식이 담고 있는 것 이상을 드러내지 못하고, 신체적인 공명이나 정서적인 공명이 없는 소리예요. 앞에서 말씀드렸듯이 신체적인 공명은 이해의, 정서의, 그리고 감정적 공명의 영역을 열어주기 때문에 때로는 그런 소리를 내는 것만으로 여러분은 장면과 대사에 대한 이해가 올라가게 돼요.

여러분이 할 일은 소리 중심에 도달하는 거예요. 호흡이 중심으로 내려가고, 중심에서 소리가 나와야 해요—여러분이 중심으로 내려가면 목소리에서 자신을 발견할 거예요. 그곳을 여러분이 속한 곳처럼 느낄 때 여러분의 말이 여러분을 담아요. 이때에는 호흡이 드럼처럼 소리를 튕겨 보낸다는 걸 발견할 거예요. 왜냐하면 호흡이 소리로 온전히 바뀌기 때문에 많은 양의 호흡을 마실 필요가 없거든요. 힘을 경제적으로 사용하는 거죠. 여러분이 이 올바른 호흡 사용에 대해 알게 될 때 목소리는 애쓰지 않고도 스스로 추진력을 얻어요. 여기에 진정한 에너지가 있어요. 이게 바로 목소리가 근본을 얻는 일이에요.

여러분은 훈련을 통해 이 에너지를 실재적으로 발견할 수 있어요. 그러나 훈련에 담긴 생각을 모른 채 훈련한다면 훈련은 열매를 주지 않아요. 이의 역도 성립하고요.

이완이 호흡에 의존하듯 호흡도 이완에 의존해요. 따라서 여러분은 이 두 훈련을 병행해야 해요.

훈련을 시작하기 전에 저는 두 가지 이야기를 더 해야 해요. 첫째는 호흡에 관한 거예요. 목소리가 근본을 얻기까지는 시간이 걸려요. 따라서 과제들이 단계적으로 다 잘되고 있다는 느낌이 들기 전에는 서두르지 말아요. 호흡이 중심으로 내려왔다고 느낄 때 속도를 낼 수 있어요. 속도는 숙련과 함께 찾아와요.

두 번째로 말하고 싶은 건 이완이에요. 이완에 관해 정확한 디렉션을 주는 것은 언제나 어려워요. 왜냐하면 그 의미가 너무 다양해 배우마다 그 말이 어떻게 해석될지 결코 장담할 수 없어요. 우선 저는 '이완되어'라는 단어보다 '제약을 없애라'free[11]라는 단어를 선호해요. '이완되어'란 말이 처지고, 무겁고, 둔한 느낌을 주는 반면, '제약을 없애라'라는 말은 이완되어 있으면서 행동할 준비가 되어 있는, 깨어있지만 긴장하지 않는 상태를 암시하기 때문이에요. 여러분은 항상 필요한 긴장과 불필요한 긴장을 구별해야 해요. 조금이라도 움직이려면 어떤 근육들은 긴장해야 해요—똑바로 서 있는 것도 특정 근육의 긴장을 요구해요. 여러분이 피해야 할 건 불필요한 긴장이에요. 왜냐하면 모든 불필요한 긴장은 에너지를 가둬 소통에 사용할 수 없게 해요. 즉 에너지를 낭비해요. 이건 여러분이 각 근육을 구별적으로 인식하고, 그 근육들의 임무가 무엇인지 알아야 한다는 뜻인데 목에 대해 작업할 때 이게 특히 어려워요. 나중에 입술과 혀의 근육성을 작업할 때 여러분은 목을 이완한 채 그 근육들을 더 쓰는 것이 어떻게 어려운지, 그렇게 작은 공간에서 얼마나 많은 일이 일어나는지 알게 될 거예요. 각 근육을 구별하여 사용하는 것, 그것이 바로 여러분이 깊이 새겨야 할 내용이에요.

---

11 영어에서 free는 형용사, 동사, 접미사를 넘나들며 다양한 의미로 사용된다. 이 책에서는 주로 '놓아주다(해방시키다)', '제약 없이', '자유로운' 등의 의미로 사용되는데 품사가 자주 바뀌기 때문에 이를 하나의 형태로만 번역하면 문맥이 매끄러워지지 않는다. free에 대해 이후 문맥에 따라 번역을 다르게 했음을 밝힌다.

훈련 Exercises

1. 등을 대고 바닥에 누워요. 등이 넓어지는 것을 느껴요.

   양 무릎을 구부리고, 두 무릎이 천장을 향하도록 돼요. 이 자세가 여러분의 등을 평평하게 하는 걸 도와야 해요. 등에 힘을 주어 누르지는 말고 등이 최대한 평평해지게 해요.

   등이 바닥을 더 넓게 차지하는 걸 자각해요. 거기에 매몰되지는 말아요. 등이 넓어지게spread 해요.

   어깨가 벌어지게 해요. 힘으로 밀지는 말고, 어깨 관절을 편안하게 두어요. 아래 그림처럼 팔꿈치를 몸에서 떨어지게 하고, 손목을 횡격막 밑, 몸 안쪽으로 향하게 두면 도움이 돼요.

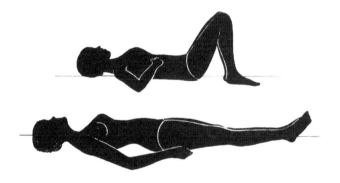

이제, 등이 바닥을 따라 길어지게 해요. 척추를 인식하고 각 추골이 조금씩 서로 분리된다고 상상해요.

이 감각을 척추 아래, 꼬리뼈까지 이어가요.

머리가 등에서부터 길어지게 해요.

손목을 아주 부드럽게 흔들고, 바닥으로 떨어뜨려요.

팔꿈치를 움직여 팔꿈치의 자유로움을 느끼고, 바닥에 떨어뜨려요.

뒷목 근육의 자유를 느끼며, 머리를 한편에서 반대편으로 편하게 돌려요. 그러고 난 뒤 가운데로 돌아와요.

머리를 바닥을 향해 가볍게 밀어본 뒤 놓아주어, 목 근육의 긴장과 이완의 차이를 느껴요.

턱을 아래로 살짝 당겨 긴장시키고, 그다음에 턱을 놓아주어 그 차이를 느껴요.

머리를 앞으로도, 뒤로도 누르지 말고 놓아주어야 해요.

이를 여유 있게 진행하면서 길어지고, 넓어지는 감각, 그리고 각 근육의 놓아주는 감각을 느껴요. 자신에게 이렇게 말해요:

등아 넓어져라.

어깨야 넓어지고 자유로워져라.

경추부터 꼬리뼈까지 척추야 길어져라.

손목아 자유로워져라.

팔꿈치야 자유로워져라.

목아 자유로워지고 등에서부터 길어져라.

이러한 명령에 근육이 어떻게 반응하냐는 건 놀라운데, 이를 분명히 이해하도록 예를 하나 들어볼게요. 피아노 위에 손을 올려 한 뼘으로 한 옥타브의 건반을 재보도록 제가 시켰다고 가정해 봐요. 만약 그렇게 하려다 손가락을 벌리기 전에 동작을 멈추면 여러분은 손가락 근육의 반응을 느낄 수 있어요; 손가락이 좀 얼얼해요. 손가락을 벌리지 않았는데 손가락이 넓어지는 감각을 느낀 거죠. 손가락이 등에 비해 훨씬 민감하고 인지하기 더 좋은 건 사실이지만 이런 현상은 등에서도 일어나요.

중요한 건 어떤 것도 하지 않는 거예요. 그래야 긴장이 안 생겨요. 그냥 근육이 명령에 반응하게 해요.

이 자세에서는 몸을 똑바로 세워야 한다는 부담이 없기 때문에, 근육적 긴장과 근육적 자유에 대해 선명하게 인지할 수 있어요.

자유로움에 대한 이 자각을 호흡 연습에서도 계속 유지해요. 이 자유를 확인하기 위해 연습 중간중간 잠시 멈추는 것도 개의치 마요.

2. 양 손등을 흉곽의 아래 부분, 갈비뼈가 가장 크게 튀어나온 곳에 둬요. 여기에 손을 두는 이유는 이곳에서 갈비뼈의 움직임이 가장 크기 때문이에요.

ⓐ 코로 숨을 마시며 갈비뼈가 바닥을 따라 밖으로 열리는 것을 느껴요. 그러고 난 뒤 목과 입을 열어 한숨을 뱉어요. 폐에 있는 공기를 다 내보내요. 갈비뼈 사이에 있는 근육들이 갈비뼈를 움직여야 할 때까지 기다린 뒤 다시 호흡을 천천히 마셔요. 갈비뼈가 등과 몸통 옆에서 넓어지는 걸 자각하며 호흡이 폐 깊이 들어오는 걸 느껴요. 바닥을 이용해 갈비뼈가 넓게 열리는 느낌을 확인해요. 한숨으로 뱉어요.

이를 두, 세 번만 하는데 '호흡을 마실 때에는 코로 마시고'[12] 뱉을 때에는 목과 입을 활짝 열어서 뱉어요. 호흡양the capacity of breath에 집중해요. 이 목적을 위해 코로 호흡을 마시는 것은 들숨 활성화에 도움을 줘요.

이때 가슴 윗부분이 움직이지 않게 해요. 그러나 움직인다 해도 너무 걱정하지 말아요. 아래 갈비뼈에 더 집중하고 아래 갈비뼈가 더 자유로워질수록 윗가슴의 움직임은 서서히 줄어드니까요. 다만 윗가슴이 답답할 만큼 호흡을 마시지는 말아야 해요.

ⓑ 천천히 그리고 쉽게 호흡을 마시고, 잠시 멈춰 어깨와 목을 놓아주었는지 확인하고 천천히 10 카운트 동안 호흡을 뱉어요. (입으로 카운트하지 말고 속으로 세세요.) 아래 갈비뼈 사이의 근육들이 날숨을 조절하는 걸 느끼는 것이 중요해요−이것이 이 연습의 요점이에요. 호흡을 뱉을 때에는 목을 활짝 열어 목에서 소음이 나지 않아야 해요. 만약 목에서 소리가 난다면 이는 여러분이 목을 조이며 조절한단 의미이고, 목에 에너지를 집중한단 뜻인데 그렇게 소리 내면 목이 긴장하게 돼요. 호흡을 마시

---

12 아래 갈비뼈의 움직임을 도와줄 목적으로 하는 이 연습에서 코로 마시라는 의미이다. 아래 갈비뼈 호흡을 항상 코로 마시라는 의미는 아니다.

기 전에 항상 잠시 기다려 아래 갈비뼈의 근육들이 움직여야 할 필요를 느끼세요.

처음에는 이 연습을 최소 5분은 해야 하는데, 그러면서 뱉는 카운트를 15까지 늘려요. 긴 연습이지만 이는 매우 중요해요. 왜냐하면 길게 호흡을 뱉고 마시기 전에 기다림으로써 그 근육들이 자발적으로 튀어나가게 할 수 있어요. 그 근육이 움직일 필요를 느껴야 당신이 갈비뼈를 밀지 않아요─에너지가 그 근육 안에 있어요.

이제 갈비뼈를 열었으니 호흡을 폐의 가장 깊은 곳, 위stomach까지 확장해 보죠. 이는 횡격막을 훈련함으로 성취할 수 있는데, 횡격막은 흉부와 복부를 나눠주는 근육막이에요.

호흡은 횡격막이 수축하여 내려올 때 폐의 가장 아랫단으로 들어오고, 횡격막이 이완되어 위로 올라가면서 바깥으로 나가요. 횡격막을 직접 느낄 수는 없지만 횡격막이 내려갈 때 도와주는 근육을 '위stomach 꼭대기 부분'[13]에서 느낄 수 있어요.

ⓒ 호흡을 모든 방향으로 마셔 갈비뼈가 열리는 것을 느껴요[14]─목과 어깨가 자유로운지 확인해요. 한 손을 허리 위 복부 근육에 두고 그곳에서부터 작은 한숨을 뱉어요. (깊이 헐떡이듯. 그러나 급하게, 격렬하게 하지 마요.) 그리고 다시 숨을 마셔요. 이를 두, 세 번하며 호흡이 폐 깊은 곳까지 들어오고 나가는 걸 느껴봐요.

---

13 해부적으로 위stomach의 가장 윗부분은 횡격막에 면하여 있다.
14 고무풍선이 부푸는 것처럼 폐도 들숨에서는 모든 방향으로 팽창하고 이로 인해 아래 갈비뼈의 등, 옆, 앞부분도 그렇게 팽창한다.

ⓓ 방금 한 것처럼 한 손을 배에 얹은 채 호흡을 마신 뒤 작은 한숨을 뱉어요. 다시 호흡을 마시고, 그 호흡으로 모음 앞에 살짝 /ㅎ/을 넣어 /어/로 소리 내세요. 호흡으로, 드럼 치듯, 소리를 내보내요. 두, 세 번 반복하며 소리가 어디에서 시작되는지 확인해요. 그러고 난 다음 /아/ 모음으로 좀 더 길게 소리 내요. 그리고 좀 더 길게 /예/, /여/를 해요. 처음에는 말하는 억양을 사용하고, 그다음에는 편한 음 한 음을 사용해 노래로 불러요. 그리고 다시 짧게 /아/, /예/, /여/를 튕겨 보내요. 호흡이 섞이지 않은 완전한 소리를 내요. 호흡과 소리는 하나여야 해요.

ⓔ 이제 말words을 사용해서 이 연습을 이어갈게요. 여러분이 알고 있는 시 몇 줄을 해보면 제일 좋지만 똑같은 원리를 대사 한 토막에 적용할게요.

> 두려워 마라 여름의 더위도
> 살 여미는 겨울 추위도
> 인생 항로를 마치고
> 저승길로 오른 그대
> 귀인도 천민도 모두
> 죽으면 한 줌 흙이 되네15

매 두 줄마다 호흡을 마시는데, 들숨이 바로 밑으로 내려가 거기서 소리가 나오도록 차근차근 하세요. 호흡이 중심으로 내려가고 가슴이 공명에 기여해야 몸 전체가 소리에 참여해요. 처음에는 목소리가 근원을 갖지 못할 수 있어요. 호흡이 제 일을 하게 하는 것과 거기에서부터 소리가 나오는 것 사이에는 보통 시간 간격이 있어요. 먼저 짧은 한숨을 뱉고

---

15 『심벨린』 4막 2장, 셰익스피어 작, 박효춘 옮김, 도서출판 동인.

호흡을 마시면 이를 도와줄 수 있어요. 그러고 난 뒤 두 줄을 말해요. 중요한 건 소리가 횡격막에서부터 튀어나오는 느낌에 익숙해지는 거예요.

여기서 우리는 갈비뼈 호흡과 횡격막 호흡을 구분했는데 이건 각 근육을 인식하기 위해 그랬을 뿐이에요. 사실 이 둘은 함께 작용해요. 아래 갈비뼈의 자유가 횡격막의 움직임을 도와주죠. 저는 이 둘의 움직임을 분리해서 훈련해야 한다고 보지 않아요—갈비뼈를 밖으로 열어놓은 채 횡격막으로만 호흡하는 건데 '갈비뼈 보존 호흡'rib-reserve breathing이라 불러요. 이 호흡은 비현실적이고 엄청난 긴장을 일으켜요. 목소리를 잘 내려면 아래 갈비뼈와 횡격막은 최고로 기능해야 하고, 상호작용하고, 자유로워야 해요. 갈비뼈는 여러분에게 든든함 즉 목소리에 내려앉을 수 있다는 느낌을 주고, 횡격막 호흡은 고유의 particular 깊은 호흡 즉 목소리가 중심에 연결되어 있음을 알게 해줘요.

ⓕ 바닥에 잠시 누어요. 등의 길이와 넓이의 감각을 확인해요. 준비되었다고 느껴지면 옆으로 돌아서 일어서요. 이때 동작을 천천히 해 등의 열린 감각을 유지해야 해요. 잠시 가만히 서서 등의 느낌이 어떤지 봐요.

3. 팔걸이가 없는 의자나 스툴stool을 가져와 그 위에 앉아요. 몸을 바로 세워 편하게 앉고, 좌골이 바닥에 충분히 닿아 허리가 들어가지 않게 해요. 누워서 했던 것처럼 등이 길어지고 넓어지는 감각을 다시 불러요. 자기 몸에게 똑같이 명령해요.

등아 넓어져라
등 아래에서부터 척추야 길어져라
머리야 등에서부터 길어져라—머리부터 척추까지 하나임을 느끼세요.

머리

머리를 앞으로 떨궈요. 그러나 어깨가 따라 내려가지 않아야 해요. 머리를 천천히 다시 드는데 뒷목 근육이 들어 올리는 걸 느끼며 해요.

머리를 뒤로 떨어뜨리고 다시 세워요. 그렇게 하면서 머리가 들리는 걸 느껴요.

한쪽으로 머리를 떨어뜨려 목을 부드럽게 스트레칭한 뒤 다시 들어 올려요.

다른 쪽으로 머리를 떨어뜨리고 역시 스트레칭한 뒤 들어 올려요.

머리를 앞으로 떨어뜨려 옆으로, 뒤로, 반대편 옆으로 돌려 다시 앞으로 떨어뜨려요.

이를 다시 하는데 이번엔 반대쪽으로 돌려요.

머리를 다시 바로 세워요. 머리를 가볍게 긴장해서 뒷목 근육에서 긴장을 느껴요. 그리고 난 뒤 그 긴장을 놓아주어 그 차이를 느껴요.

턱에 살짝 힘을 주어 아래로 내려요. 어디에 긴장이 생기죠? 힘을 풀고 그 차이를 확인해요.

선 자세에서 고개를 아주 부드럽게 끄덕여요. 이때 뒷목 근육을 놓아준 것과, 머리가 균형을 유지하고, 뒷목 근육이 긴장하지 않는 것에 주목해요. 사실 자유로워요. 이 연습은 뒷목 근육의 해방감을 얻기 위해 할 수 있는 가장 유용한 연습이에요.

고개를 거의 움직이지 않을 만큼 아주 작게 돌려요. 흡사 머리가 척추 꼭대기 위의 볼베어링에 놓인 것처럼요. 그리고 난 뒤 정지해서 머리와 목의 느낌이 어떤가 봐요. 정지해 있지만 뒷목이 굳어 있지 않아요.

어깨

어깨를 부드럽게 2센티쯤 들어 올린 뒤 떨어뜨려요. 떨어뜨린 후 어깨가 밑으로 더 내려가게 돼요–보통 가능해요. 이를 두, 세 번 반복해요. 그러고 난 다음 어깨를 가만히 두고 이 편안함ease을 기억해요.

이 연습들은 조용히 진행해야 해요. 그래야 '놓아줌'의 감각에 주목할 시간을 얻고, 이를 쉽게 기억해 다시 불러낼 수 있어요. 저는 격렬한 근육 연습이 특별히 더 유용하다고 생각하지 않아요. 이는 긴장과 수동적 이완이라는 극단적 상태를 의식하게 하거든요. 이건 사실 부정적인 상태예요. 여러분이 친숙해져야 하는 건 언제나 깨어있는 자유로운 감각이에요. "나는 이완해야 해" 하는 강박이나 염려 없이 원할 때 언제든지 불러낼 수 있어야 해요. 가령, 제가 여러분에게 주먹을 쥐라고 하면 여러분은 고민 없이 자동적으로 할 수 있는데, 이완에 관해 필요한 게 이런 종류의 친숙함이에요. 엄청나게 거창한 차이는 없어요. 그냥 어깨와 목을 편안하고 수월하게 느끼는 거예요. 더 쉽게 느끼고, 더 편안하게 느끼고, 그렇게 기본이 되고, 이게 여러분이 목소리 훈련을 할 때 참조하는 감각이어야 해요.

위의 이완 연습을 앉아서 해도 좋아요. 그러나 다음의 호흡 연습은 서든 앉든 여러분이 원하는 방식으로 할 수 있어요. 다만 서서 할 때에는 등이 길어지고 넓어지는 느낌을 상기하기 위해 여유있게 진행하세요.

4.

ⓐ 양손을 머리 뒤로 올리고 양 팔꿈치가 옆을 향하게 해요. 손가락 끝을 귀에 두어 손이 머리를 앞으로 밀지 않게 해요. 살짝 긴장되는 자세이니 최대한 이완을 유지하세요─이 자세는 흉곽을 열어줘요. 코로 호흡을 꽤 천천히 마시는데 어깨가 올라가지 않도록 해요. 입을 열어 한숨으로 뱉은 다음─바로 다 뱉어요─잠시 기다려요. 들숨의 필요를 느낀 뒤 다시 천천히 마시고 같은 방식으로 뱉어요. 이 연습은 두, 세 번만 하세요. 왜냐하면 힘들어서 긴장이 빨리 와요. 그러나 갈비뼈를 움직이려는 목적에서는 매우 좋은 연습이에요.

ⓑ 두 손등을 양 갈비뼈에 두고 팔꿈치와 갈비뼈는 느슨하게 둬요. 갈비뼈를 꽤 분명하게 느낄 수 있어야 해요. 가끔 한 손을 등 뒤에 두면 뒤쪽 갈비뼈가 열리는 걸 느낄 수 있어 유용해요. 이는 바닥에서 했던 호흡 연습과 동일한 건데 계속 이완하며 등이 넓어지는 걸 느끼기는 더 어려워요. 그러나 그럴 수 있어야 해요.

3 카운트 동안 들숨을 마시고 잠시 멈춰 어깨와 목을 체크해요. 입을 열어 10 카운트 동안 호흡을 뱉어요. 그리고 갈비뼈가 움직일 필요를 느낄 때까지 기다려요. 그러고 난 뒤 다시 마셔요. 이렇게 계속해요. 날숨을 조절하는 갈비뼈 사이의 근육들을 계속 자각해요. 왜냐하면 그게 바로 여러분이 깨울stimulate 근육들이기 때문이에요. 호흡을 마시기 전에 그 근육들이 튀어 나가려고 하는 느낌을 항상 기다려야 해요. 익숙해지면 카운트를 15까지 늘려요. 들숨과 날숨 간에 호흡이 바뀔 때 목을 죄지 말아요. 만약 그렇게 한다면, 이는 갈비뼈 근육 대신 목으로 호흡을 조절한다는 뜻이에요. 갈비뼈 근육이 호흡을 붙잡아야 해요. 마찬가지 이유로

호흡을 뱉을 때 목에서 소리가 나지 않아야 해요. 호흡이 폐 깊이 들어오는 걸 의식해요.

이게 갈비뼈를 자유롭고 힘 있게 하는 기본 연습이에요. 이렇게 함으로써 그곳의 모든 공간이 소리 내는 데 기여하고 목소리에 단단함solidity을 주어요. 궁극적으로 이 연습은 서서 할 수도, 앉아서 할 수도 있는데 걸어 다니며 해도 좋아요. 움직임이 긴장을 깨뜨리는 것을 도와주기 때문이에요.

ⓒ 이 역시 바닥에서 한 연습과 똑같아요. 한 손을 허리 위 복부에 올려놓고 거기서 횡격막 움직임의 결과물을 느껴요. 몸통이 둥글도록 호흡을 마시는데 특히 등이 열리게 해요. 횡격막에서 작은 한숨을 뱉어요. 헐떡이는데 격렬하거나 급작스럽게 하지 말아요. 그 느낌이 확실해질 때까지 여러 번 반복해요. 갈비뼈가 움직이는 것은 문제되지 않아요. 갈비뼈가 열리는 일반적인 느낌이라면요. 횡격막 호흡으로 /어/ 하고 드럼 치듯 소리 내요. 이는 기를 쓰며 내는 소리는 아니지만 분명한 에너지를 가져야 하고, 소리가 어디서 나는지 구체적으로 알고 내는 소리여야 해요. 목을 열어요. 목에서는 결코 애쓰지 않아야 해요. 이제 /아/를 좀 더 길게 소리 내요. 그리고 모음을 열어서 더 길게 /에/와 /이/로 소리 내요.

이제 이 두 모음을 노래로 해요. 편한 음에서 3 카운트 동안. 그러고 난 다음 이를 바로 말로 소리 내요.

호흡과 소리가 같은 곳에서 일어나는 그 느낌을 계속 유지해요.

이제 여러분이 알고 있는 텍스트나 아래의 셰익스피어 시를 사용해서 연습을 이어갈게요. 아직은 한 호흡에 너무 긴 프레이즈phrase16를 하지 마세요. 지금은 폐 가장 깊은 곳까지 호흡이 들어오는 데 익숙해지고, 선명하고 정확한 소리가 나오고, 소리를 '깨끗하고 경제적인 호흡'17에 연결하는 것이 목표예요. 이 모든 것들이 작용하도록 시간을 충분히 사용해요.

두려워 마라 여름의 더위도
살 여미는 겨울 추위도
인생 항로를 마치고
저승길로 오른 그대
귀인도 천민도 모두
죽으면 한 줌 흙이 되네

두려워 마라 왕의 진노도
그대에게는 미칠 리 없네
근심 걱정 마라 의식衣食도
그대에겐 빈부의 차가 없나니
왕이나 학자나 의사나
가는 길은 흙이 되나니

두려워 마라. 하늘을 찢는 번갯불도,
땅을 흔드는 천둥소리도
두려워 마라 경솔한 비방도

---

16 여러 단어가 모여 하나의 의미를 이루는 어구.
17 필요한 분량의 호흡을, 적시에, 아무 방해없이 충분히 하는 호흡.

이제 그대에겐 희비가 없나니
젊은 연인들도 모든 연인들도
죽으면 한 줌의 흙이 되네

요술사여 요술을 걸지 마라!
마녀들아 마법을 걸지 마라!
유령이여 배회하지 마라!
재앙도 덮치지 마라!
동생이여 조용히 잠자라
네 무덤에 영광 있으라![18]

처음에는 매 두 줄마다 호흡하고, 이게 쉽다고 느껴질 때 한 호흡에 네 줄씩 해요.[19]

ⓓ 이번에는 팔을 휘두를 거라 큰 공간이 필요해요. 서서 두 팔을 한쪽 옆으로 높이 든 뒤 아래로 휘둘러요. 머리와 목을 완전히 놓아준 채 두 팔을 흔들어 다른 쪽으로 보내요. 중요한 건, 팔을 밑으로 보낼 때 움직임의 무게를 최대한 느끼는 거고, 이 힘이 팔을 반대편으로 올라가게 하는 거예요. 머리와 목을 완전히 놓아요─팔을 꽉 붙들지 않도록 해요. 이 감각을 이해하기 위해 일단 한 번 해봐요. 두 손을 위로 들어 호흡을 마시고, 아래로 휘두를 때 모음 'ㅔ'를 제법 크게 소리 내요. 반대편으로 올라가면 호흡을 마시고, 다시 아래로 흔들며 모음 'ㅓ'를 소리 내요. 밑으

---

18 『심벨린』 4막 2장, 셰익스피어 작, 박효춘 옮김, 도서출판 동인.
19 긴 생각을 말하는 연습. 말의 의미와 생각을 또렷하게 유지하고 몸을 긴장하지 않으며 한다.

로 흔드는 에너지가 소리를 보내야 해요. 이를 차분히 여섯 번 하세요. 중요한 건 그 무게를 느끼는 거예요. 그러고 난 뒤 자기가 편한 음에서 이 모음들을 두, 세 번 노래해요.

잠시 쉰 다음 이를 반복하는데, 위에 셰익스피어 시 첫 여섯 줄로 해요. 한 번 휘두를 때마다 시를 한 줄씩 하고 반대편으로 올라가면 호흡을 마셔요. 그 뒤 자기 몸을 추스를 시간을 주지 말고 곧바로 바로 서서 시를 말해요. 소리가 많이 자유로워진 걸 발견할 거예요. 이 연습에 익숙해지면 한 번 휘두를 때 하는 대사의 분량을 늘릴 수 있어요.

이는 매우 빨리 소리를 자유롭게 해주는 놀라운 연습인데, 여러분에게 유익한 어떤 텍스트든 사용할 수 있어요.[20] 이 연습의 작용 원리는 이래요: 여러분이 꽤 힘차게 움직이고 있기 때문에 더 많은 호흡을 마시게 되고, 허리에서부터 움직이고 있기 때문에 호흡이 그곳까지 내려가요. 또, 완전히 놓아줬기 때문에 목이나 어깨에 긴장이 없어 소리에도 긴장이 사라지는 거예요.

이 연습을 통해 여러분은 공명과 자유, 그리고 모든 것이 하나로 작용하는 느낌을 경험할 수 있어요. 여러분이 이런 경험에 익숙해질수록 여러분은 더욱 준비되어 이걸 불러일으키는 것이 더욱 쉬워져요.

역동적인 움직임을 하며 텍스트를 말하는 건, 그 움직임이 훈련되었거나 몸에 익었다는 전제에서 항상 놀라운 효과가 있어요. 어떤 움직임도 좋아요. 깡충깡충 뛰기, 팔 벌려 뛰기star jump, 머리 위로 무거운 거 휘두르기(공간이 충분할 때), 공 튀기기 등등—그 공간에서 할 수 있다면 무엇이든 좋아요. 움

---

20 이은상의 「새가 되어 배가 되어」는 이 연습을 하기에 무척 좋은 텍스트이다. 처음에는 각 구마다 호흡을 하고 자신이 생기면 각 장마다 호흡을 한다. 결코 서둘지 않는다.

직임이 여러분을 더 자유롭게 만들고 신체적으로 놓아줄 거예요; 이는 또한 목소리에 대한 의식—자의식이죠—을 제거하고, 목소리가 의식적으로 만들지 않은 다른 질감을 띨 수 있게 해 풍부한 소리와 다른 리듬을 열어주는 일이 아주 빈번해요. 이는 흡사 자전거 타기를 배우는 것과 같아요. 핸들을 너무 꽉 잡으면 오히려 중심을 못 잡죠? 몸과 팔의 힘을 놓아야 균형이 자연스레 따라와요. 다만 이런 놓아주는releasing 작업들은, 먼저 확실하게 효과 있는 준비 연습good solid exercises을 하지 않았다면 하지 말아야 해요.

목소리 준비 훈련을 한 뒤 걸어 다니며, 앉으며, 상체를 구부리며, 스트레칭을 하며 텍스트를 말하는 것은 언제나 좋아요. 그래야 이완 훈련은 움직이지 않고 가만히 있는 것이라는 등식을 깰 수 있어요. 대사를 하는 동안 가끔씩 가슴을 두드려 거기에서 진동을 느껴봐요.

지금은 호흡 연습을 목적으로 텍스트를 하고 있기 때문에 끊어 읽기가 정확한지, 의미를 완벽하게 드러내고 있는지는 중요하지 않아요. 우리는 지금 '그냥 훈련하는 단계'에서 '호흡과 언어를 연결하는 작업'으로 넘어가기 위해 텍스트를 하는 거예요. 중요한 건 시간을 충분히 써서 호흡의 모든 과정을 경험하고, 그래서 이것이 익숙해지고 편해지는 거예요. 그래서 이것이 기본이 되고, 몰입해서 연기할 때에도 이를 좋게 느끼는 거예요. 처음에 여러분은 근육 움직임을 지나치게 의식할 거고, 의무적으로 호흡을 많이 마실지 몰라요. 하지만 훈련에 익숙해질수록 이런 것들이 사라지고 호흡은 결국 자연스럽게 돼요.

그럼 요약해보죠. 여러분은 흉곽을 열어줬어요. 특히 갈비뼈 사이에 있는 근육들을 자극하여 그 근육들이 움직일 필요가 있도록 기다렸고, 그럼으로써 갈비뼈가 자발적으로 튀어나가게 했어요. 이때 여러분은 갈비뼈를 밀지 않았고 그렇게 할 때 등이 넓어지는 걸 느꼈어요. 여러분은 호흡을 폐의 가장 깊은 곳까지 마셨고, 그럴 때 척추가 저 밑단까지 길어지는 걸 알게 되었어요. 여러분은 폐의 공간을 채우기 위해 호흡이 코를 통해 기관과 기관지로 깊이 들어오는 것도 알게 되었어요. 횡격막이 아래로 내려갈 때 호흡이 위stomach 있는 곳까지 깊이 들어오는 것을 느꼈고, 이를 가능하게 해주는 위의 어떤 근육들의 움직임을 느꼈어요. 여러분은 이 모든 걸 소리를 내기 위해 사용했고 셰익스피어 시 또는 여러분이 하고 싶은 대사, 특히 이 목적에 잘 맞고 좋은 소리를 갖는 텍스트를 사용해서 했어요. 이를 가만히 서서, 그리고 움직이며 했어요.

이런 연습을 통해 얻어지는 근육적 분명함firmness은, 어떤 사람의 생각처럼, 톤을 무겁게 만들지 않아요. 반대로 소리를 더 활력 있게 만들어 표현의 범위를 넓혀주죠. 이로 인해 고음이 저음만큼 자유롭고, 용이해져야 해요. 처음에 연습할 때 여러분은 아마 목소리를 저음에 가두려 할 거예요. 왜냐하면 저음이 더 풍부한 톤이라고 생각하는 경향을 가진 사람도 있거든요. 그러나 곧 이 단계를 넘어서도록 발전할 것이고, 모든 음역이 동등하게 풍부하고, 자유로운 소리라는 걸 발견할 거예요.

이 연습들을, 특히 호흡 연습을 다른 사람과 같이 해보면 아주 유익해요. 만약 여러분의 갈비뼈에 두 손을 얹어 줄 누군가가 있다면—척추 양옆에 엄지손가락을 대고 두 손바닥은 펴서 등과 옆 갈비뼈의 근육을 누르는—여러분은 자기의 두 손을 몸통 옆에 두어야 하는 긴장 없이 갈비뼈의 움직임을 더 구체적으로 느낄 수 있어요. (그 긴장이 여러분의 어깨를 위로 조금 올라가게 하는 경향이 있어요.) 상대방은 당신이 호흡하면서 어깨나 목을 긴장하는지도 확인해 줄 수 있어요. 이런 상호 연습의 가치는 매우 뛰어나요. 상대의 호흡 메커니즘과 근육 긴장을 알게 되면 자기 호흡을 정확히 바라볼 수 있도록 도와주기 때문이에요.

다음 단계는 이 호흡을, 요구하는 것이 많은 텍스트에 적용하는 것인데 여러분을 감정적으로 깊이 몰입하지 않게 하면서 훈련의 초점을 해석으로 옮아가게 해주는 것이 좋아요. 서사적[21]이거나 묘사적[22]인 텍스트가 가장 좋은데, 이들은 매우 넓은 음역을 요구하지만 회화적인conversational[23] 범위 안에서 목소리를 사용하게 하고, 따라서 여러분이 조금이라도 수사적rhetorical이 되는 것을 가로막기 때문이에요. 훈련이 더 진척되면 더 복잡하고 더 감정적인 대사를 사용해도 좋아요. 다음의 두 텍스트는 출발점으로 아주 좋아요. 셰익스피어『헨리 5세』의 4막 프롤로그는 '소리가 물 흐르듯 흘러가기 때문에 말하기가 어렵지 않아요. 매우 이완되어 있는 대사인데'[24], 여러분의 목소리가 씬scene을 촬영하는 영화 카메라의 일을 해야 해요. 그 묘사는 매우 특별해서 다양한 많은 음색을 요구해요. 이 대사는 좋은 소리를 갖고 있기 때문에 여러분이 좋은 소리를 내도록 도와줄 거예요.[25] 만약 매우 평범한 텍스트를 하면서 좋은 소리를 낸다면, 이는 거짓일 거예요. 지금은 좋은 소리를 경험하는 걸 추구해야 해요. 밀튼의『투사 삼손』Samson Agonistes의 프레이징phrasing은 쉽지 않아요. 문장들은 길며, 뒤집어져 있고, 큰 소리big sound를 갖고 있어 유장한 호흡을 요구해요. 어디에서 숨을 쉴지 제가 표시해 놓았어요. 처음 연습할 때에는 이게 호흡의 메커니즘에 집중할 수 있도록 도와줄 거예요. 이게 수월해지면 여러분 자신의 호흡점을 찍어 보세요.

이 두 대사를 순전히 이야기를 전하는 차원에서 다루세요. 텍스트를 사용하고 있는 단계에 대해 이해한다면, 저는 지금 좋은 텍스트를 사용하는지

---

21 사건이나 이야기의 전개 양상을 설명하는 대사. 뒤에 나올 헨리 5세의 4막 코러스와 밀튼의 투사 삼손이 그 예이다.

22 사람, 장소, 장식, 풍경 등의 어떠함을 말로 그려내듯 서술하는 텍스트. 기행문이나 시에서도 많이 찾을 수 있다.

23 대화하듯 하는 말.

24 셰익스피어 원문에 대한 견해이다.

25 셰익스피어 원문이 그렇다는 의미이다.

여부가 중요하다고 생각하지 않아요. 하지만 좋은 텍스트를 사용하면 연습이 매우 흥미로워지고 연습을 통해 더 많은 것을 배우게 될 거예요. 이야기 전달에 중점을 두고, 음역을 유연하게 사용하고, 구어로 말해요. 이 연습은 호흡 훈련의 연장이에요. 따라서 대사를 할 때 다음을 확인해요:

1. 자세는 바른가?
2. 목과 어깨에 힘이 들어가지 않는가?
3. 호흡에 시간을 충분히 쓰고 있는가? 처음에는 갈비뼈를 열고 유연하게 하여 횡격막이 일하게 하라. 한숨을 내쉰 후 다시 모음으로 소리 낼 때 소리가 튀어나가는지 확인하라.
4. 목이 열려 있다고 느끼는가? 목이 애쓰는 걸 조금도 느끼지 않아야 한다.
5. 소리가 근원을 갖고 있는가?

헨리 5세, 4막 프롤로그[26]

이제 시간과 관련해서 여러분의 상상력을 발휘하시어 /
남몰래 퍼져나가는 속삭임과 눈을 긴장케 하는 어둠이
우주의 광막한 창공을 가득 채우고 있다고 상상하소서. /
병영에서 병영으로 칠흑 같은 밤의 어둠을 타고
양측 군대의 웅얼거리는 소리가 조용히 울려 퍼져서, /
고정된 위치를 지키는 초병들은 각기 상대측 보초의
은밀한 속삭임도 들을 수 있을 정도이옵니다. /
화톳불에는 화톳불로 응수하니, 그 파리한 불꽃을 통해

---

26 『헨리 5세』, 셰익스피어 작, 신정옥 옮김, 전예원, 2009.

군대는 각기 상대방 군의 거무튀튀한 얼굴을 보나이다. /
군마는 군마를 드높고 의기양양한 울부짖음으로
위협하면서 잠에 취한 한밤의 귀를 꿰뚫어 놓고, /
군막에서는 망치를 바쁘게 움직여 못질을 하면서
기사들의 갑옷을 마무리 짓고 있고 병장기 담당병들이,
전투 준비를 하는 무시무시한 소리를 내고 있나이다. /
시골의 수탉이 울고, 시계가 쳐서, 잠에 취한 아침이
세 시가 되었음을 고하나이다. / 그 수를 믿고 오만하고
태평스러운 생각에 사로잡혀, 자신감과 지나친
낙관에 빠져 있는 불란서군은 잉글랜드군을 과소
평가하면서 주사위 놀음을 하면서, / 마치
추악하고 더러운 마녀가 절뚝거리며 지루하게
걸어가듯이 불구의 발걸음으로 걸어가는 밤을
꾸짖고 있나이다. / 패배의 운명을 타고난 듯한 가련한
잉글랜드군은, 제물과도 같이, 보초의 모닥불 옆에
묵묵히 앉아서 말없이 아침에 닥칠 위험을 곱씹어보고
있는데, / 그들의 숙연한 몸짓은, 여위어 움푹 들어간
볼과 전화에 낡은 외투를 감싸 감추고 있으니, 내려다
보고 있는 달빛에 비친 그들을 영락없이 무서운
유령으로 보이게 하나이다. / 아, 이제, 이 헐어빠진 군대의
대장인 국왕이 걸어서 보초와 보초, 군막과 군막을
하나하나 찾아다니는 것을 목격하는 자는 누구나, /
'그분 머리에 찬양과 영광을 내려주소서!'라고 외치소서. /
왜냐하면 그분은 그분 군대를 모두 찾아다니면서, /
그들에게 온화하게 미소 지으며 아침인사를 하고,

그들을 형제들, 친구들 그리고 동포들이라고 불렀기
때문이옵니다. / 국왕의 용안에는 강대한 적군이
그분을 포위하고 있는 데 대한 두려움의 기색은 전혀
찾아볼 수 없고, / 또한 그분은 밤새 잠을 자지 않아
지쳤음에도 조금도 안색이 창백해지지 않고, / 오히려
생기 넘치는 표정을 짓고 유쾌한 태도와 감미로운
위용으로 피곤함을 감추고 있으니, / 그전까지 수척하고
창백한 표정으로 의기소침해 있던 병사들은 모두가,
그분을 목격하고, 그분의 표정에서 위안을 얻나이다. /
만인에게 베푸는 혜택을, 태양과도 같이, 관대한 그분
눈은 모든 병사들에게 나누어주고, 싸늘한 두려움을
녹여 주니, / 그날 밤 해리 왕의 행적 일부를, 미흡하나마
있는 힘을 다해서 그리고자 하오니, 지위고하를
막론하고 모두가 보아주소서. / 그러고 나서 우리의
연극 무대는 전투 장면으로 날아가야 할 터인즉, /
거기서 ─ 아 유감스럽게도! ─ 우리는 네, 다섯 자루의
지극히 보잘것없는 연습용 검을 들고 엉터리없이
연출하는 우스꽝스러운 전투 장면으로 애진코트라는
이름을 더럽혀놓게 될 것입니다. / 하오나 앉으셔서,
그 가짜 장면들을 바탕으로 실제 전투를 상상하소서.27

---

27 ' / '는 시실리 베리가 제시한 원문의 호흡점을 참조하여 번역자가 표시한 것이다. 이
는 시실리 베리의 호흡점 제시가 어떠한지 짐작해보는 용도일 뿐 번역자는 이 텍스트
를 사용하여 여기에 맞춰 호흡 연습을 하는 것이 필요하다고 생각하지 않는다.

삼손 아고니스트, 존 밀튼 [전령]

전령 : 우연히 이 도시에 오게 되어
해가 뜰 무렵 성문에 들어가니, /
번화가마다 '아침 트럼펫 축제'를 선포하였고, /
제가 일을 마칠 즈음엔
삼손이 끌려 나와 그의 강한 힘을
사람들에게 묘기로 보여주게 될 거란 얘기가 돌았습니다. /
그가 포로가 된 것은 슬픈 일이지만
저는 그 장관을 놓치기가 싫었습니다. /
그 건물은 거대한 극장으로
하늘을 찌를 듯한 두 기둥이 둥근 반원형 극장을 지탱하며, /
귀족과 여러 사람들이 자리를 잡고 있었습니다. /
저는 구경하기 위해 서 있었고, /
건너편에는 단과 발판 위로 군중들이 서 있었습니다. /
저는 그들과 떨어져 애매하게 서 있었습니다. /
축제와 오후가 정점에 이르러
스포츠가 시작될 무렵
희생 제물은 관중들의 마음을 환희와 기쁨 그리고 술로 가득 채웠습니다. /
곧바로 삼손은 하인들 옷을 입은 채 끌려 나왔고 /
그 앞에는 파이프와 탬버린 행렬, 양 옆에는 기병과 보병 등 무장한 군인이,
앞뒤로는 궁수, 투석병, 석궁, 창병이 따라붙었습니다. /
그를 보자마자 그들의 신을 찬양하는
사람들의 외침은 대기를 갈랐고 사람들은

그들을 두렵게 만든 괴물이 노예가 된 것을 기뻐하였습니다. /

그는 참고 있었지만 기가 꺾이지 않았고 사람들이 끄는 곳으로 담대히 들어갔으며 /

그가 눈이 보이지 않는 것을 시험하기 위해

끌고, 당기고, 들어 올리고, 깨부수게 하는데, 여전히 그가

엄청난 괴력을 발휘했기 때문에 아무도 감히 그와 싸우려 들지 않았습니다. /

쉬는 시간이 되자 그들은 그를 기둥 사이로 데려갔습니다. /

그가 간수들에게 부탁했습니다. /

(더 가까워졌기 때문에 우리가 들을 수 있었습니다.) /

너무 지쳐서, 아치 지붕을 지탱해주고 있는 거대한 기둥에

손을 대고 기댈 수 있게 해달라고 말입니다. /

간수는 의심 없이 그를 인도해 주었고,

삼손은 고개를 숙이고 눈을 고정한 채 서서

팔 사이로 뭔가를 느꼈습니다. / 마치 기도를 하거나

큰일이 마음속에서 일어나고 있는 사람처럼 말입니다. /

마침내 그는 고개를 들어 그렇게 외쳤습니다. /

'주여, 주께서 지금까지 제게 명하신 걸

저는 실행했습니다. 단지 복종하기 위해서였습니다. /

경외심을 갖고, 기쁨으로 했습니다. /

이제 제가 만든 시련을 통해, 당신께 제 힘을

이전보다 더 강하게 보여드리겠습니다. /

지켜보는 모든 자들이 두려움에 떨 것입니다.' /

이 말을 하며 그는 절했고 /

이내 그의 모든 힘줄은 팽팽해졌습니다. /

가둬 놓은 바람과 물이 터져 나오듯 큰 힘으로
그가 두 기둥을 끌어당겨 흔들자,
두려움에 떠는 산처럼 기둥이 앞뒤로 움직여 흔들렸고, /
온 지붕이 무너져 천둥소리가 앉아있는 모든 사람의 머리, /
귀족, 귀부인, 군인, 정치인, 성직자, 이곳에 있는 사람뿐 아니라
주변 팔레스타인 도시에서 절기를 지키러 온 사람들을
모두 덮을 때까지 계속되었습니다. /
삼손도 당연히 이 무리 속에서 똑같이 깔려 죽었습니다. /
오직 그 자리에 없던 거지들만 그 혼란에서 도망칠 수 있었습니다.[28] /

몸의 자유와 호흡 사용에 대해 잘 준비하고 시작해요. 호흡과 이완을 수월하게 느끼기 시작하면 잠시 멈추어요. 텍스트의 한 대목을 조용히, 호흡을 의식하지 않으며 말해요. 그러나 텍스트에 사용된 언어와 이미지를 통해 이야기의 진행을 탐구하기 시작해야 해요. 한 번에 한 프레이즈씩 하는데 언어의 의미와 이미지가 확실해지기 전에는 어떤 말도 하지 마세요. 확실해지면 그냥 말해요. 이미지를 받아들이며 조용히 텍스트 말하기를 다 한 후에 다시 호흡에 대해 생각하는 것으로 돌아가, 호흡과 '생각'[29]을 함께 발견하려고 해요. 그래야 텍스트의 생각이 몸의 중심에서 나오고, 여러분은 호흡뿐 아니라 생각까지 중심에 연결할 수 있어요.

각 사람의 필요는 다를 거예요, 당연히. 그리고 여러분은 이를 스스로 판단해야 해요. 하지만 여러분은, 글자 그대로, 양 끝단에서 작업해야 해요. 근

---

28 ' / '는 시실리 베리가 제시한 원문의 호흡점을 참조하여 번역자가 표시한 것이다. 이는 시실리 베리의 호흡점 제시가 어떠한지 짐작해보는 용도일 뿐 번역자는 이 텍스트를 사용하여 여기에 맞춰 호흡 연습을 하는 것이 필요하다고 생각하지 않는다.

29 그 말을 하게 만드는 생각 혹은 그 말이 일으키는 생각.

육이 준비되어 있지 않으면 목소리는 열리지도, 반응력을 얻지도 못해요. 마찬가지로 여러분의 생각과 감수성이 깨어있지 않으면 근육은 준비되어 봐야 소용이 없어요. 따라서 근육과 감수성이 함께 작용하도록 훈련해야 해요. 그리고 이 둘을 연결하기 위해 할 수 있는 한 모든 방법을 동원해야 해요.

소리를 열어야 한다면 아까 셰익스피어 시에서 사용한 방법, 특히 머리와 목을 놓아준 채 팔을 스윙하는 연습을 해요. 이 연습이 가장 효과적이에요. 하지만 저의 모든 제안은 여러분이 추구하는 자유를 얻기 위한 목적에서 사용되어야 해요.

여러분이 만약 긴장을 많이 한다면, 그리고 대사를 할 때 소리를 보내기 위한 노력으로 머리를 밀거나, 몸을 움직이는 경향이 있다면 (몸으로 박자를 맞추듯) 바닥에 누워서 하는 연습을 많이 하세요. 그 자세에서는 좋은 긴장과 나쁜 긴장을 더 쉽게 구별할 수 있고, 호흡 사용에 더 자유롭게 집중할 수 있어요. 그 자세로 꽤 긴 텍스트를 해보며 언제, 어디서 몸을 움직이고 싶어 하는지 점검하고 이를 의식적으로 이완해요. 이렇게 비자발적으로 일어나는 긴장성 움직임은 극복하기 어려워요. 이를 해결하려면 인내가 필요해요. 시간을 많이 할애하고, 자신에게 결코 언짢아하지 말아요. 에너지는 모두 소리를 만드는 데 사용되어야 한다고 생각하면 도움이 돼요.

모든 긴장은 남을 기쁘게 해야 한다는 근심에서 비롯돼요. 여러분은, 결국 '대본이 충분히 좋다'[30]는 생각을 받아들이고 이를 지지해야 해요.

이 두 대사에서 저는 프레이즈의 길이를 일부러 다양하게 두었어요. 첫

---

30 이에 대한 원문은 'what you have to offer'이다. 이는 배우가 관객에게 해야 하는 것이므로 대본뿐 아니라, 대본을 바탕으로 배우가 창조한 캐릭터와 연기를 포함하는 개념이다. 그러나 바바라 하우스맨도 지적하는 것처럼, 배우가 자기 연기에 자신을 갖지 못하는 경우는 대본을 이해하지 못했거나 신뢰하지 못할 때인 경우가 많고, 시실리 베리에게 대본(대사)은 곧 캐릭터이기 때문에 이렇게 번역하였다.

번째 이유는 여러분이 작은 호흡도 쉽고, 빠르게 마실 수 있길 바라기 때문이고, 두 번째 이유는 여러분이 긴 프레이즈의 대사를, 호흡이 모자랄 거란 염려 없이 안정적이고 탄탄한 목소리로 할 수 있길 원하기 때문이에요.[31] 호흡은 물론 여러분의 생각과 관계있어요. 만약 여러분이 그 말(생각)의 중요성을 이해했다면 여러분은 그 말(생각)의 끝까지 다다를 수 있는 충분한 호흡을 갖게 될 거예요. 이는 최소 50 대 50의 관계죠.[32]

자, 여러분은 이제 작업의 기본 토대를 마련했어요. 이 훈련을 계속할수록 그 효과는 누적될 거예요. 목소리의 자유를 경험하고, 자기 목소리에서 새로운 음들notes을 듣기 시작하면 이 작업은 더욱 흥미로워지고, 여러분은 더 나아가고 싶을 거예요. 여러분이 한 번 목소리를 신뢰하고 자신감을 갖기 시작하면 가능성들이 열리고 전에 했던 많은 잘못들[33]이 그렇게 사라질 거예요. 왜냐하면 그것들이 더 이상 필요하지 않거든요. 여러분은 이제 여러분에게 부과되는 더 큰 요구를 감당하기 위해 혹은 자신의 한계를 극복하기 위해 이 연습들을 수정하고 확장할 수 있어요. 특히, 여러분은 목소리의 정서적 질감을 잃지 않고 음량을 키우고 싶을 것이고, 저음의 소리를 더 멀리 보내고, 음역과 음색을 더 풍부하고 넓게 쓰고 싶을 거예요.

이를 성취하기 위해 기본 연습을 어떻게 활용할 수 있는지 살펴보아요.

1. 무엇보다 먼저 여러분은 소리의 음악적 질감을 키우는 방법을 발견해야 하는데, 아마 무게weight를 더 발견해야 할 거예요. 자기 목소리가 높은 톤이라고 불평하는 사람들 중에 정말로 음높이 때문에 그렇게 느끼는 사람은 별로

---

31 이를 위한 훈련 제재로 번역자는 오탁번의 시집 『손님』을 추천한다.
32 신체적인 능력과 생각이 50 대 50으로 중요하다는 의미. 따라서 어느 이상의 긴 대사는 호흡에 대한 신체적인 훈련을 요구한다.
33 그동안 자신이 연기할 때 의지했지만 실제는 연기를 가로막던 습관들.

없어요—대부분 가슴 공명이 소리를 강화해주지 못하는 경우인데, 피아노를 베이스 음 없이 멜로디만 치는 격이에요. 이 소리가 높게 들리겠지만 여기에 베이스 음을 더하면 소리는 바로 한 옥타브 낮게 들려요. 목소리도 마찬가지예요: 여러분이 그런 소리를 갖고 있다고 해도 공명과 배음을 완전하게 채워줄수록 소리는 더 풍부해지고 더 매력적이 되어요.

소리의 강도solidity, 저음 배음undertones[34], 풍부한 톤. 이 셋은 목의 근육을 이완하고 갈비뼈를 열어줄 때 따라와요. 어느 정도든 목을 긴장하면 홍성음은 제거돼요. 여러분이 가질 수 있는 가장 큰 자신감의 근원은 등 쪽 아래 갈비뼈의 힘이에요. 그곳의 유연성과 힘이 여러분으로 하여금 톤에 머물 수 있다고 느끼게 하고, 소리가 내 무게와 연결되어 있다는 느낌을 줘요—목소리가 더욱 총체적일수록 그 소리에 대한 믿음은 더욱 강해져요. 이는 소위 연극적인 톤과 조금도 관계없어요. 이는 긴장하거나 인공적이지 않은 소리예요.

ⓐ 무릎을 세우고 누운 자세에서 하는 연습을 많이 해요. 텍스트를 말하고, 갈비뼈가 열리는 걸 느끼기 위해 바닥을 이용하고, 목소리가 바닥에서 진동하는 걸 느껴요.

ⓑ 바닥에 엎드려 가슴이 넓어지게 하고 고개는 옆으로 돌려요. 그 자세에서 텍스트의 일부를 말하며 진동이 가슴에서 바닥으로 흐르는 걸 느껴요. 이 자세에서 허밍해요.

ⓒ 서서 양손을 머리 뒤에 두어 갈비뼈가 열리게 하고 텍스트의 일부를 말해요.

---

34 저음으로 소리 내라는 의미가 아니라 어떠한 음역의 소리에서도 저음의 공명이 균형 있게 섞여야 한다는 의미이다.

ⓓ 편한 음으로 /예/, /야/를 노래해요. 가슴 진동을 느끼기 위해 손으로 가슴을 가볍게 두드려요.

ⓔ 텍스트의 일부를, 예를 들어 『투사 삼손』의 처음 15줄을, 한 음으로 노래해요. 템포는 천천히 그러나 소리는 분명하게. 그리고 난 다음 말로 대사를 해요. 노래를 부를 때 사용하는 긴 호흡이 소리가 열리도록 도와줄 거예요. 다만 마무리는 일상의 말하는 억양으로 대사를 하고 끝내야 해요. 이를 여러 다른 음으로 하는데 목은 항상 열려야 해요.

ⓕ 이번에는 텍스트가 마치 레치타티브의 일부분인 것처럼 매우 크고 리드미컬하게 노래해요. 만약 여러분이 긴 대사를 해야 한다면 이 연습이 크게 도움이 될 거예요. 이렇게 노래하는 것이 텍스트의 리듬을 더욱 도드라지게 만들기 때문에 여러분이 말하기로 돌아왔을 때 리듬이 훨씬 섬세하고 흥미롭게 됨을 발견할 거예요.

ⓖ 힘차게 달려요. 방안을 돌아다녀도 좋고 제자리에서 뛰어도 좋아요. 달리면서 자기 몸무게를 무겁게 느끼고 그러면서 텍스트를 해요. 이를 2, 3분간 한 뒤 멈추고 서서 텍스트를 말해요. 그 무게와 이완이 대사를 붙잡아 줄 거예요.

2. 둘째로 여러분은 긴장하지 않고 볼륨을 키우는 법을 발견해야 해요. 배우들이 가장 잘 빠지는 함정 중에 하나는 음량volume과 크기를 혼동하는 건데 감정의 크기와 캐릭터의 크기는 볼륨보다는 시간time과 무게와 더 관계있어요. 지금까지 했던 연습들이 여러분의 톤을 열어줄 거고 톤은 그 자체로 무게와 크기를 갖지만, 볼륨을 올린다고 해서 그 자체로 관객이 더 듣게 되지는 않아

요. 조용한 목소리도 잘 전달될 수 있어요. 저는 내내 시끄럽게 떠들면서 한 마디도 듣지 못하게 하는 공연을 본 적이 있어요. 누구나 소리 지를 수 있기 때문에 볼륨은 그 자체로는 중요하지 않아요. 그러나 대사를 정말로 크게 해야 할 때가 있는데 여러분이 알아야 할 건 볼륨은 여러분이 필요로 할 때 스스로 나온다는 점이에요. 하지만 수증기를 손으로 잡을 수 없는 것처럼, 더 이상 억누를 수 없다는 듯, 볼륨은 분별력 있게 사용되어야 해요. 볼륨을 터트릴 때 말이 선명하게 유지되어야 해요. 그러지 않으면 그 크기에 대한 특별한 이유가 사라져요. 볼륨을 올릴수록 자음의 압력을 더 써야 하는데 이는 말에 채워야 할 소리가 더 많아지기 때문이에요. 이는 꽤 논리적인 과정이에요.

기본적으로 필요한 것은, 어떤 곳에서 연기하든 대사를 잘 전달할 수 있는 충분히 큰 목소리예요. 이건 여러분이 관객에게 다가가는 태도와 관계있는데 소리가 멀리 뻗어 가도록 시간을 더 허락해야 해요. 소리에 대한 진실한 이유가 있다면 엄청난 볼륨을 낼 수 있다는 걸, 여러분은 알아야 해요. 큰 소리가 목적이 되면 듣는 사람이 피곤해져요. '볼륨을 올리라'는 말은 어떤 식으로든 '목소리를 높이라'는 말과 동의어가 되는데 높은음으로 말하면 소리가 더 잘 전달된다는 오해도 있어요. 그러나 볼륨을 더 쓰면 피치가 올라갈 위험이 커져요; 그러면 목이 경직되고, 정상적인 말 억양이 사라져 목소리가 눌리고, 의미는 전달되지 않아요. 그리고 이는 모든 저음 배음을 제거해요. 대본이 크기를 담고 있고, 여러분이 하는 말의 깊이breadth는 대개 그 텍스트에 담긴 에너지에서 나온다는 것을 결코 잊지 마세요.

음량을 키우는 연습을 할 때에는 보통의 말하는 음높이와 이완을 유지하며 천천히, 조금씩 소리를 키우세요.[35]

---

35 이 연습은 자음의 양을 늘리고 모음과 음절의 타이밍을 변주할 수 있는 능력을, 또는 톤을 자유롭게 쓸 수 있는 능력을 요구한다. 따라서 3장과 4장의 훈련을 충분히 익힌 다음에 해보는 것이 좋다.

ⓐ 바닥에 누워, 몸의 관절을 느슨하게 두고 갈비뼈와 횡격막이 자유롭게 움직이도록 하세요. 특히 목과 어깨를 계속 놓아주도록 집중해요. 대사 몇 줄을 조용히 말하며 시작해요. 볼륨을 서서히 올리는데 올리는 동안 전체 키가 올라가지 않고 똑같이 유지되게 해요. 말하는 억양을 유지하고, 억양의 마무리는 같은 베이스 음이 되게 해요—즉 억양을 다양하게 사용하지만 텍스트의 전체 피치는 올라가지 않아야 해요.

ⓑ 이를 서서, 움직이면서 반복해요. 대화체로 말하며 볼륨을 조금씩 올리고, 높은음을 풍부하게 쓰고, 음역을 자유롭게 사용해요. 또한 말은 분명하고 구체적이어야 해요. 뒷목 근육을 완전히 놓아야 하고, 구강을 열어요. 그리고 에너지를 몸의 중심에서 발견해요. 따라서, 여러분은 생각을 중심에 연결하고 그 무게를 발견해야 해요. 긴장하기 시작하면 멈춰서 긴장을 풀고 다시 이어가요.

ⓒ 대사를 노래로 부르며 **ⓑ**에서 했던 연습을 다시 해봐요. 팔을 스트레칭 하면서 해봐요.

3. 다음으로 다룰 문제는 기식breathiness이에요. 일반적인 기식 즉 목소리에 호흡이 실리는 경우와 말 첫머리에 호흡을 다 써버려 톤을 끝까지 유지 못 하는 경우 둘을 다 다룰 거예요. 이는 모두 호흡이 전부 소리로 바뀌지 않는 거예요. 기식은 관객에게 뭔가 보여줘야 한다는 염려 때문에 일어나요; 그런데 여러분이 내는 소리가 구체적이지 않아 에너지를 엄청나게 낭비하고 있는 거죠. 신체적으로는, 갈비뼈와 횡격막이 근육적으로 분명하게 지지해주지 못해서 생기는 거예요.—갈비뼈가 매우 빨리 무너지는 거죠. 모든 노래 훈련이 유익하지만 아래의 연습도 도움을 줘요.

ⓐ 양손을 머리 뒤에 둔 채로 연습을 많이 하세요. 가능한 몸을 최대한 이완하고 손이 머리를 앞으로 밀지 않게 주의해요. 손을 그대로 둔 채 텍스트를 말하기 시작해서, 말하면서 양손을 천천히 내려요.

ⓑ 때로는 갈비뼈 호흡을 거꾸로 하는 것도 좋아요. 10이나 15 카운트 동안 호흡을 마시고, 3이나 6 카운트 동안 호흡을 뱉어요.

ⓒ 갈비뼈를 할 수 있는 한 최대한 열어 횡격막 호흡을 깊이 마시고 (이때 조금도 경직되지 않아야 해요.) 허밍으로 6, 8, 10 카운트 동안 매끄럽게 노래해요. 카운트를 늘려도 허밍이 여전히 쉽고 매끄러워야 해요. 제법 먼 거리에 있는 물체에 초점을 두고 그 물체를 향해 음을 사용해 허밍하는데 소리가 마치 입에서 나와 그 물체에 닿는 실이라고 상상해요. 이 상상이 소리를 매끄럽게 내는 데 도움을 줘요. /우/, /워/, /아/, /예/, /야/ 모음을 사용해서 해요.

ⓓ 갈비뼈를 열어 호흡을 깊이 마시고 허밍으로, 그리고 모음으로 노래해요. 초점의 위치를 바꾸며 여러 번 해요. 처음에는 초점을 아주 가까운 곳에 두고, 초점의 거리를 서서히 늘려요. 소리를 멀리 보낼 때 볼륨이 커지지 않게 주의해요. 소리를 먼 거리로 보낼 때는 볼륨이 아니라 소리의 밀도와 근육적 지지firmness를 올려야 해요. 음이 올라가지 않게 하세요. 초점으로 두는 물체를 정확히 정하고 소리가 그 거리를 채우게 해요. 여러분은 음질의 차이에 주목해야 해요.

기식으로 소리 내어 말 첫머리에서 호흡을 다 뱉고 끝까지 이어가지 못할 때에도 이 연습을 하세요. 이 기식은 리듬을 강제하기 때문에 자신에게 올

가미를 씌우는 처사예요. 그렇게 되면 대사의 시작부에서는 억양과 타이밍을 자유롭게 쓰는데 뒤에 가면 그 자유를 잃어버려요. 이는 의미의 가능성을 진실하게 탐구할 수 없게 하고 똑같은 리듬을 되풀이하게 만들죠. 말 첫머리 기식을 위해 다음 연습을 추가할 수 있어요.

ⓔ 한 호흡에 할 프레이즈를 자연스럽지 못할 만큼 매우 길게 나누고 대사를 해요. 그런 다음 프레이즈를 자연스러운 길이로 줄여요.

ⓕ 의도적으로 각 프레이즈의 마지막 단어에 강세를 주며 길게 말해요: 마지막 단어를 노래하는 것도 좋아요. 이렇게 강세를 넣는 것이 적절하다고 말할 수는 없지만 이 연습은 호흡에 묶여 있을 때에는 인식할 수 없었던 강세와 억양의 새로운 가능성을 열어줘요. 이걸 해보는 건 매우 흥미로운데 이게 여러분의 리듬 패턴을 깨뜨릴 거예요. 이 연습이 흥미로워질 때면 여러분은 이미 충분한 호흡을 사용하고 있을 거예요.

ⓖ 힘으로 밀지 않은 분명한firm 톤을 얻기 위해 할 수 있는 또 다른 좋은 훈련은, 글자 그대로, 모음을 던지는 거예요. 어떤 곳에 던질 공이 손에 있다고 상상해요—던질 곳을 분명하게 정해요. 공을 던질 때 모음을 노래하며 소리를 던져요. /예/와 /야/는 열린 모음이기 때문에 이 연습에 매우 좋아요. 손에 공이 있다고 상상하고 팔을 들어 올리며 숨을 마셔요. 공을 정한 곳으로 던지고, 공을 던질 때 모음도 소리 내요. 소리가 가상의 공을 따라가도록 계속 늘리고 공이 목적지에 도달할 때까지 소리를 내요. 이로 인해 여러분의 소리가 분명하고 선명해지는 것을 들을 거예요. 이 연습은 호흡과 소리의 협응을 도와주기 때문에 기식뿐 아니라 성문 발성glottal attack을 해결하는 데도 효과가 있어요.

4. 두성 비중이 높은 소리는 복잡한 문제예요. 왜냐하면 자기 귀로 한 판단이 어긋나는 경우가 많기 때문에 다른 사람의 의견에 의지해야 하거든요. 이는 두성음(즉 부비강 톤과, 머리와 얼굴뼈에 있는 공명)이 가슴과 목에서 나오는 저음역부 즉 흉성음과 충분히 균형을 이루지 못할 때 생겨요. 두성음은 고유한 힘이 있고, 명료하고, 전달력이 강해 목소리를 조종하기가 쉽다고 느끼게 해요. 하지만 진실하고, 따뜻한 흉성음을 균형 있게 섞지 못하면 이 소리는 현실적이지 않은 신기한 소리로, 다소 인공적으로 들려요. 사실 이 소리는 배우의 진실the reality을 담지 못해요. 왜냐하면 호흡을 충분히 깊게 내려보내지 않았거나, 중심에 연결하지도 근원을 갖고 있지도 않거든요. 만약 목소리에 바탕이 없다면 목소리는 금속성을 띠게 되고 다층적 의미를 상실해요. 목소리가 한정되는 거죠. 이때 어려움은, 이 톤을 쓸 때에는 소리가 분명하게 잘 나고 있다는 느낌을 받는데 이 불균형을 해결하여 저음의 흉성음을 얻으면 소리가 선명하지 않다고 느끼는 것이에요. 앞에서 말씀드렸지만 이는 노래 훈련의 결과일 수 있어요. 왜냐하면 노래 훈련은, 자기의 내면을 표현해야 하는 배우의 필요에 목소리를 연결하지 않고 모든 강조점을 몸의 공명통을 다 사용하는 데 두기 때문이죠. 이의 균형을 잡으려면 소리가 어디에서 시작되는지에 대한 개념을 조정하고 연구개를 놓아releasing 저음 배음이 제 역할을 하게 해야 해요.

연구개를 놓아주기 위해, /게게게/를 말하면서 '혀 뒤'와 '연구개 뒤'를 훈련하고 여기에 관계하는 근육들에 익숙해지세요. 그다음에 혀로 연구개를 꽤 강하게 눌러 자음(ㄱ)에 머물며 /게/를 해요. 그다음에 턱을 연 채로 의식적으로 혀 뒤와 연구개를 떨어뜨려 이 둘의 이완과 무게를 느껴요. 이를 다시 하는데, 이번에는 혀를 의식적으로 긴장시켜 소리가 답답하고 뻣뻣하게 나게 해요. 그리고 난 뒤 연구개와 혀를 상당히 이완하여 떨어뜨리며 /게/라고 말해요. 그 뒤 구강을 열고 혀와 연구개를 완전히 놓아주어 /아/를 말해요. 뒷목의 이 자유를 잠시 느껴요. 그 뒤 호흡을 마신 다음 /아/, /예/, /야/를 깊은 횡격막 소리로 부드럽게 내요. 이제 호흡을 마시고 텍스트를 몇 줄 말하는데 목의 이 열린 감각을 유지하고 호흡이 소리를 시작하게 하세요. 뒷목의 모든 공간이 열려 이것이 소리에 기여함을 느낄 거예요. 이 연습은 여러분의 소리를 엄청나게 다르게 만드니까 시간을 충분히 갖고 하세요.

5. 억양과 음역은 당신의 대본에 대한 구체적인 태도에서 나와야 해요. 하지만 다양한 피치를 요구하는 텍스트들을 사용하여 그 대사를 일부러 다른 음역을 사용해 말하며 자신의 음역대를 유연하게 늘릴 수 있어요.[36] 모든 음에서 항상 목을 놓아주고, 호흡이 중심에 연결되게 해요. 저음역을 사용할 때에는 조음diction에 더 신경 쓰고, 고음역에서는 가슴 공명을 의식적으로 지속해야sustain 해요.

6. 성문 발성glottal attack은 앞에서 제시한 연습들을 통해 대부분 해결돼요. 그러나 만약 여전히 지속된다면 다양한 모음을 사용해서, 모음으로 '노래하기'와 '말하기'를 번갈아 해봐요. 처음에는 모음 앞에 'ㅎ'을 넣어 하고, 그다음엔 'ㅎ'을 생각만 하고 실제론 소리 내지 않으며 해요. 분명하고 열린 소리로 시작하도록 해요.

이렇게, 여러분은 소리를 깊은 호흡에 연결했어요; 소리는 드럼 치듯 퉁겨 나와요; 이는 정신적인 고통 없이 나와 여러분이 원하는 곳까지 뻗어갈 수 있어요. 소리는 몸 전체를 통해 공명되고 말the word을 뒷받침하기 위해 존재

---

[36] 배우는 ① 생각, 감정 그리고 캐릭터의 음성 표현 폭을 넓히기 위해, ② 서로 다른 크기의 극장과 매체를 넘나들기 위해 음역의 폭을 넓힐 필요가 있다.

해요. 호흡 연습을 충분히 한다면 여러분은 이 수월함effortlessness을 얻을 거예요. 여러분이 기를 쓰며 소리 내고 있다고 관객이 느끼게 해선 안 돼요. 이는 여러분을 약하게 만들 뿐이에요.

3 근육성과 단어
Muscularity and Word

호흡이 성대를 부딪히게 함으로써 소리가 시작돼요. 즉 성대의 두 점막이 서로 끌어당기며 진동하게 하고 음파를 일으키는 거죠. 이 첫소리는 몸을 지나며 공명되고 증폭되는데 조음기관의 움직임과 분절articulation에 의해 말이 될 수 있는 거예요.

지금까지 여러분은 호흡 훈련을 통해, 그리고 몸의 공명 가능성을 발견하는 것을 통해 자신만의 음성 에너지를 발견했어요. 이제 여러분은 이 에너지를 말로 전환해 밖으로 보내야 해요. 왜냐하면 관객에게 영향을 미치는 것이 바로 말(대사)이니까요. 음성 에너지를 어떻게 말의 에너지로 연결할지 발견하는 것은 필수예요. 따라서 다음 단계는 우리가 자음과 모음의 소리를 만들기 위해 사용하는 근육인 턱, 입술, 혀, 그리고 연구개의 움직임과 친해지는 거예요.

어떤 대본을 연기하건 배우는 자신이 사용하는 언어(대사) 고유의 단위measure를 발견해야 하고 어떤 공간에서 연기하건 이를 정확성과 구체성을 가지고 연결해야 해요. 그래야 배우는 긴장하지 않고, 관객은 잘 들을 수 있어

요. 따라서 여러분은 네 가지 작업 영역을 가져요:

1. 대사의 기본적인 명확성clarity
2. 그 명확성을 연기할 극장과 매체에 따라 조정adapting하여
3. 자음과 모음의 만족할 위치를 찾아 말 에너지의 균형을 이루는 것. 이는 목소리에 다른 차원의 공명을 더해 준다.
4. 대사의 의도를 실현하는 것

어떤 면에서 보면 근육성 연습은 호흡 연습보다 쉬워요. 효과를 즉각적으로 느낄 수 있어 목소리의 가능성을 더 빠르게 느끼기 때문이죠. 5분만 연습해도 엄청난 차이가 날 수 있어요. 그러나 다른 면에서 보면 이게 훨씬 복잡해요. 왜냐하면 서론에서 언급한 여러 요소, 환경, 성격 등에 따라 배우의 말은 무한 경우의 수로 달라지는데 이로 인해 미세 조정을 요구하기 때문이에요. 예를 들어 자음의 압력이 너무 많거나 너무 적다면, 모음을 깎는 습관이 있다면, '유성 자음의 진동을 내지 않는다면'37, 비강 공명이 너무 많거나 모음 길이의 차이를 인식하지 못한다면, 이것이 말에 담겨야 할 바른 에너지를 없앨 수 있어요. 이런 문제는 그 자체로는 사소해도 말의 총체적인 효과를 제거할 수 있는데, 이는 종종 노련한 배우에게서도 나타나요.

말이 불분명하거나 '특정 악센트 문제를 갖고 있는 배우'에게 중요한 건, 자음과 모음을 완전히 표준 발음으로 만드는 게 아니라 올바른 언어 에너지에 집중하는 거예요. 요점은 이래요: 절대적으로 옳은 유일한 한 가지의 말하기 방식은 없다. 각자에게 맞는 방식이 있을 뿐이에요. 여러분은 그저 스코틀랜드 억양이 조금 섞여 있어서, 코크니 억양이어서, 켄싱턴 억양이어서, 혹은 자

---

37 원서의 이 부분은 '마지막 유성 자음을 내지 않는다면'이다. 이는 우리말 소리에 거의 해당이 없는 문제여서 번역자가 생각하는 우리말 소리에서 발견되는 문제로 대체하였다.

음을 너무 흘려서, 모음을 충분히 소리 내지 않아서 잘 전달되지 않는다고 말할 수 있을 뿐이에요. 여러분이 완벽하게 표준으로 발음했어도 그게 꼭 옳다고 말할 수 없는 이유는 너무 격식formal을 갖췄기 때문이에요. 개인적인 특질이나 지역색을 없애는 것을 목표로 하면 안 돼요. 그러면 말에 깃든 자연적인 활력도 사라져요. 다만 배우는 자기 말씨speech 이외의 말씨에 친숙해질 필요가 있기 때문에, 그리고 대본마다 요구되는 정확한 말하기가 있기 때문에, '너무 정교한 악센트'[38]나 두드러지는 특징을 갖고 있다면 자기가 연기할 수 있는 역할의 범위와, 당연히, 연기의 섬세함이 제한될 거예요—물론 그런 단점을 이용하겠다고 선택한 게 아니라면요. 이런 문제에서 균형을 유지하는 건 매우 섬세한 작업을 요구해요. 여러분은 자신의 말하기에서 발전된 '수용할 수 있는 선명한 기준'을 발견해야 하고 그로부터 희곡과 캐릭터의 요구에 맞게 자유롭게 출발할 수 있어야 해요. 첫 토대는 수용되는 저 '공통의 출발점'을 확보하는 것이에요. 제법 좋은 귀가 있다면 표준 발음을 혼자 연습하는 건 어렵지 않아요. 그러나 완벽한 리듬의 자유를 갖고, 당신이 말하고자 하는 섬세한 면면을, 어떤 식으로도 방해받지 않고 소통하는 것은 어려워요. 말을 너무 신경 써서 하는 것도 말을 어눌하게 하는 것만큼이나 도드라져 들리게 해 결국 말의 의미를 제한해요. 여러분은 연습을 하면 할수록 의지할 건 만족스럽게 근육을 잘 사용하는 능력이라는 걸 깨닫게 될 거예요. 왜냐하면 근육이 바르게 작용할 때 소리도 그에 맞게 선명해지기 때문이죠. 여러분은, 운동선수들이 하는 것처럼, 말하기에 필요한 근육을 준비해야 해요.

물론 배우마다 필요한 게 달라요. 하지만 어느 단계에서 출발하든—즉 이미 표준 발음을 선명하게 내든, 소리의 지역색이 너무 강하든, 말을 멀리 전달하지 못하든—선택적으로 연습하기 전에 모든 연습을 완벽하게 다 하는 것이 중요해요. 왜냐하면 여러분은 자음과 모음을 만들 때 사용하는 근육 에

---

[38] 사투리뿐 아니라 서울말을 포함하여 지나치게 정확한 발음을 의미한다.

너지를 발견해야 하기 때문이에요. 이는 그냥 또렷하게 발음하는 문제가 결단코 아니에요. 특정 문맥 안에서 언어가 갖는 에너지와 생명력을 아는 것이에요. 배우가 귀에 거슬리는 경직된 목소리를 가질 수 있어요. 그러나 바른 언어 에너지가 그의 말에 있다면, 제 말은 만약 그 말이 감정과, 생각, 의도를 총체적으로 담고 서로 연결되어 있다면 그 배우는 관객을 끌어당길 수 있고, 우리는 들을 수밖에 없어요. 여기서 다시 양방향 과정이 일어나요: 배우가 언어words에게 자신이 이해한 걸 알려 줘요. 그러면 언어도 자기의 의미를 알려 주죠. 배우가 이를 듣는다면요. 당연히 좋은 대본을 사용할수록 더 많은 걸 들을 수 있어요. 말words에 담긴 근육 에너지에 대한 자각이 커질수록 길이 length[39], 강세stress[40], 무게weight[41]의 가능성은 더욱 다양해져요. 여러분은 말소리를 만드는 근육 움직임을 탐구하고 알 필요가 있어요. 그래서 그 근육들이 요구되는 정확한 에너지로 자음과 모음의 소리를 선명하게 낼 만큼 강해지고, 말speech의 모든 뉘앙스와 요구에 반응할 만큼 유연해져야 해요. 어떤 주어진 단어에 억양을 쓰고, 강세를 주고, 머무는 방법은 무수히 많아요.

이들 근육의 에너지를 발견함으로써 여러분은 여러분이 연기할 공간에 더욱 쉽게 적응할 수 있어요. 대극장이든, 작은 스튜디오든 목소리로 여러분의 생각과 감정을 전달하는 일은 명료한 소리, 정확한 에너지 그리고 타이밍

---

39 여기서 길이는 '눈과 눈:' 같이 의미를 구별하는 문법적 길이를 포함한다. 그러나 여기서 더 나아가 '음운 맥락에 따라 변하는 소리 길이'와 '생각, 태도, 감정 등에 따라 변하는 소리 길이'도 포함한다.

40 우리말은 강세를 문법 요소로 사용하지 않는다. 그러나 화자의 생각, 태도, 감정을 소통하기 위한 목적에서는 한국어 화자도 강세를 사용한다. 이는 화자마다 사용하는 방식이 다른데, 언어의 근육성을 발견함으로 이의 가능성이 더 커질 수 있다.

41 소리의 무게 차이. 가령 '아'보다 '악'이 무겁고 '부'보다 '불'이 더 무겁다. 그리고 진동이 더 많은 모음이 적은 모음보다, 압력이나 마찰이 더 많은 자음이 그렇지 않은 자음보다 무겁다. 동일 음절도 자음과 모음을 어떻게 사용하느냐에 따라 무게가 달라질 수 있다.

을 요구해요. 여러분의 몸에서 일어나고 있는 일들이 바로 이러한 것의 일부예요. 말은 감정적인 반응과 신체적인 반응을 함께 요구해요. 따라서 공간이 클수록 자음의 무게weight와 마찰이 더 요구되고, 소리가 더 멀리 나아가야 할수록 조금 더 긴 자음이 필요해요. 또한 그리고 이건 매우 중요한데, 여러분이 목소리에서 파워를 더 사용할수록 톤을 말로 바꾸기 위해 더 많은 양의 자음을 써야 해요. 톤이 풍부할수록 자음은 더 선명해져야 해요; 따라서, 얇은 톤이 말이 되어 나아가기 위해서는 자음이 별로 요구되지 않아요. 교회처럼 돌로 만들어진 건물을 생각해보면 이게 쉽게 이해돼요. 그런 곳에서 볼륨을 키우면 오히려 말이 혼탁해지는데, 자음의 양을 늘리면 말이 선명해져요. 언어의 근육 에너지는 볼륨을 최소 수준으로 내려도 말이 들리게 해요. 만약 여러분이 이 에너지를 발견하면 대사가 들려야 한다는 부담을 굉장히 줄일 수 있고, 음량만이 중요하다는 스트레스에서 벗어날 수 있어요. 반면, 스튜디오에서는 엄청난 정확성과 조절 능력이 필요해요. 소리에 가능한 짧게 머물러야 하고요. 이때 작은 볼륨과 함께, 정상적인 말하기에서처럼 엄청난 음역 유연성이 요구되는데 이는 꽤 어려운 작업이에요. 따라서 근육이 매우 민감해야 하고, 그로 인해 소리는 구체적이고 활력이 있어야 하는데, 근육 움직임이 별로 보이지 않아야 해요. 이때 요구되는 자연주의 연기가 배우를 번번이 무디고 힘없는 말로 인도해요.

여러분이 조음 근육에서 바른 에너지와 조절 능력을 얻을 때 말이, 애쓰지 않고도, 자발적으로 튀어나오는 것을spring out 경험할 거예요. 그때 여러분은 말에 자유롭게 내려앉아 원하는 대로 말을 더 늘리거나 날카롭게 할 수 있어요. 대사가 잘 안 들리는 주된 이유는 부정확한 발음보다 자음과 모음의 소리 타이밍이 바르지 못한 데 있어요.

이 에너지를 어디에서 찾아야 하는지 알아야 해요. 이 관점으로 자음을 살펴보기 전에, 짧게나마, 저는 먼저 자음이 무엇인지부터 밝혀야겠어요.

자음은 공기나 소리 길이 입술이나 혀에 의해 부분 혹은 전체가 막히며 생기는 소리예요. 어떤 자음에서는 연구개도 관여하고, 턱의 위치는 항상 중요하죠. 소리의 통로를 완전히 막는 소리를 터트리는 소리plosive라고 하고, 부분적으로 막는 소리를 지속되는 소리continuant라고 해요. 입술로 내는 자음 ㅍ, ㅂ, ㅁ을 예로 들게요. ㅍ, ㅂ은 두 입술이 서로 누르며 짧은 시간 동안 소리 길을 막아요. 두 입술이 소리를 잠시 가두는데, 두 입술을 떼기 전에는 소리가 나지 않아요. 그리고 두 입술을 뗄 때 ㅍ에서는 가볍게 터트리듯 호흡이 분출되고, ㅂ에서는 소리가 분출돼요. 반면에 비음 자음 ㅁ은 두 입술을 닫고 연구개가 내려와 소리가 비강에서 공명하고 코를 통해 나가도록 해요. 이때 소리 길은 부분적으로 닫히죠. 그래서 호흡이 있는 한 계속 소리를 낼 수 있기 때문에 이를 지속되는 소리라고 부르는 거예요. 이들 소리에서 턱은 부분적으로 열려요.

자음은 이렇게 두 그룹, 터트리는 소리(이하 파열음)와 지속되는 소리(이하 계속음)로 나뉘지만 이를 심화하면 다시 '소리 나는 자음'과 '호흡이 나가는 자음'으로 나눌 수 있어요. 소리가 난다는 건 성대가 서로 가까워져서 진동한다는 뜻이에요. ㅂ은 소리 나는 자음 혹은 진동하는 자음이에요. 두 입술이 떨어질 때 소리 또는 진동이 분출돼요. 반면에 ㅍ은 호흡이 나가는 자음이어서 성대는 서로 붙지 않아요. 따라서 멈췄다가 분출되는 건 순전히 호흡이죠. 다만 ㅂ처럼 소리 나는 파열음에서는, 입술이 떨어질 때 아주 적은 양의 호흡이 흘러가는데 이것이 소리에 힘과 전달력을 준다는 점을 주목해야 해요. ㅁ은 물론 소리 나는 자음이고, 소리를 내고 있을 때 입술에서 진동이나 마찰을 느낄 수 있게 해준다는 점에서 유용해요. 모든 소리 나는 계속 자음이 그렇듯이 이 진동이 '톤을 둘 때'placing the tone 특별히 중요한 가치를 가져요. 이것이 두 개의 다른 그룹, 소리 나는 자음(이하 유성음)과 호흡이 나가는 자음(이하 무성음)이에요.

타이밍에서, 그리고 이건 아주 중요한데, 자음은 세 단계로 이루어져요. ① 두 근육이 함께 모여 ② 붙들고 있다가 ③ 놓아준다. 이 단계들의 차이를 유념하면서 다른 자음 소리를 만드는 데 간여하는 근육들을 살펴볼게요.

ㅌ, ㄷ, ㄴ, ㄹ의 경우 혀 전체가 관여하긴 하나 주된 책임은 혀끝에 있어요. 파열음 ㅌ, ㄷ에서 '혀끝은 윗니 뒤에서 잇몸을 누르고'[42] 혀의 옆부분은 잇몸을 향해 올라가면서 잠시 소리 통로를 완전히 막아요. 혀끝이 닿아있는 동안 호흡이 새어나가지 않아야 하는데 만일 샌다면 발음은 엉망이 될 거예요. 혀끝을 놓아줄 때 소리가 파열하며 분출되는데, ㅌ에서는 호흡이, ㄷ에서는 진동이 나가요. 그러나 받침 ㄹ[43]은 '계속 유성 자음'이에요. 왜냐하면 혀끝이 윗잇몸을 누르며 닿아 거기에서 소리를 막지만 혀의 옆이 부분적으로 열려 소리가 흘러가도록 해주기 때문에 소리가 계속 나요.[44] 혀끝을 뗄 때까지 소리는 완결되지 않아요. ㄴ은 혀의 앞쪽이 잇몸을 누르지만 연구개가 내려와 소리가 코에서 공명되고 나가게 해요. 이 소리도 혀끝을 뗄 때 완결돼요. 이들 소리에서 턱은 부분적으로 열려요.

ㅋ, ㄱ, ㅇ의 경우 소리가 입으로 흘러가는 것을 막기 위해 '혀의 뒷부분'이 '연구개의 뒷부분'을 막아요. 우리가 연구개에서 혀 뒤를 뗄 때 ㅋ, ㄱ 소리가 나는데 ㅇ을 소리 내기 위해서는 연구개를 내려 비강 공명을 실어줘야

---

42 /ㄷ,ㅌ,ㄸ/의 발음법에 대해 이호영은 "개인에 따라 혀끝과 혓날을 윗잇몸에 대고 발음하기도 하고, 혀끝은 아래 잇몸에 대고 혓날은 윗잇몸에 대고 발음하기도 하며, 혀끝은 윗니 뒤쪽이나 이 사이에 대고 혓날을 윗잇몸에 대고 발음하기도 한다"라고 지적한다(이호영, 『국어음성학』, 태학사, 77쪽). 만약 자신의 근육 사용이 위의 본문이 묘사한 것과 다르다면 자신의 방식을 따라가면 된다. 본문의 디렉션에서 포인트는 ㅌ, ㄷ, ㄴ, ㄹ을 위해 만나는 두 근육의 접점이 구체적이고 정확해야 한다는 것이다.

43 겨울, 출발, 술에서 받침 ㄹ 소리. 설측음이라고 한다.

44 반면 첫소리 ㄹ은 계속음의 성질을 갖지 않는다. 이때 ㄹ은 혀끝이 경구개를 튕기듯이 긁으며 소리가 난다. 이를 탄설음[r]이라고 부르는데 ㄹ에 대해서는 이 두 소리를 다 이해해야 한다.

하고 이것이 ㅇ을 계속음으로 만들어요. 이들 소리에서 턱은 완전히 열려 있어요. 연구개의 자유는 이 세 소리에서 특히 중요해요. 만약 연구개에 힘이 지나치게 들어가고 너무 꽉 누른다면 소리는 짜내듯 가늘어질 거예요. 그러나 연구개가 자유롭게 내려와 혀 뒷부분과 만난다면 둘 사이의 진동이 훨씬 커지고 공명은 더욱 풍부해져요.

ㅅ은 무성 계속 자음이고 호흡이 통로처럼 혀의 앞쪽 가운데를 통해 나가며 소리 나요. 턱은 닫히고, 바람은 이teeth 사이의 공간을 통해 나가는데 혀 끝의 위치는 다양해요. ㅅ을 정확하게 만드는 것은 혀와 이의 압력이 일으키는 마찰 양이 적절한가에 달려 있어요.

이 모든 것은 사실 당연하지만 여기서 중요한 건, 자음을 소리 낼 때 근육 움직임을 얼마나 사용하는가예요. 파열음을 붙잡고 놓아줄 때 얼마만 한 압력을 사용하는지, 소리를 놓아줄 때 얼마나 많은 공기가 나가게 하는지, 계속 자음에서 마찰을 얼마만큼 사용하는지, 유성 자음에서 진동을 얼마나 쓰는지, 그리고 자음의 타이밍을 어떻게 사용하는지. 압력, 진동, 시간에 관해서는 무한한 변주가 가능해요.

모음은 달라요. 모음은 소리 길이 막히는 법이 없고 전부 유성음이에요. 입술과 혀의 모양으로 소리가 난다는 점도 다르고, 턱의 자유로운 정도와 연구개의 움직임이 소리 질을 바꾼다는 점도 달라요. 어떤 모음은 순수한 소리라고 불려요―모음 소리를 내기 위해 만든 구강 공간이 똑같이 유지되는 거예요. 나머지는 이중모음이에요―두 모음이 연이어 나는데 하나의 모음을 내는 시간 동안 소리가 나요. 소리를 연이어 발음하는데 한 소리를 매우 짧게 발음하는 거예요. 이를 말하는 동안 구강 모양도 변해요. 모음에 대한 표준을 세우는 일은 당연히 훨씬 복잡해요. 어떤 모음은 태생적으로 길고 어떤 모음은 짧아요.[45]

---

45 우리말 모음의 이런 성질에 대해 이호영은 "각각의 모음은 내재적인 길이를 가지고

아래의 모음들은 주로 입술의 위치에 의해 지배되는 모음인데, 혓날의
위치와 자유로움도 소리에 영향을 줘요:

ㅜ

ㅗ

(ㅓ)[46]

ㅠ

ㅛ

입술의 모양은 입술이 열리는 정도에 따라 다양한데 이중모음의 움직임
은 광범위해요.

아래는 혀가 소리를 만드는 모음들이에요. 혀의 모양은 평평한 것에서부
터 깊은 구부림의 아치까지 다양해요.

ㅏ

ㅐ

ㅔ

ㅡ

ㅣ

있기 때문에 같은 음성 환경에서 /ㅡ/가 가장 짧게 발음되고, /ㅐ/와 /ㅏ/가 가장 길게
발음된다. 그리고 고모음인 /ㅣ,ㅜ,ㅡ/는 다른 모음들보다 짧게 발음된다'라고 말한다
(앞의 책 105쪽).

46 'ㅓ'는 입꼬리를 써서 낼 수도, 쓰지 않고 낼 수도 있다. 화자에 따라 두 소리를 다
쓰는 사람도 있고 어느 한 소리만 쓰는 사람도 있다. 입꼬리를 사용한다면 입술 모음
에 들어갈 것이고, 사용하지 않는다면 혀 모음에 들어갈 것이다. 그런 의미로 괄호를
표기하였다.

중요한 건 모음 간의 길이 차이예요. 이는 단순히 어떤 건 원래 장모음이고, 어떤 건 단모음이라는 얘기가 아니에요. 여러 자음과 강세의 맥락 안에서 모음의 길이가 무한히 변주된다는 말이에요. 모음 소리를 만들 때 근육 움직임을 자각하는 것 역시 중요해요.

자모를 소리 내기 위한 움직임은 작은 공간(구강) 안에서 비교적 작게 일어나요. (말이 잘 들리게 하면서 혀와 입술을 얼마나 작게 움직일 수 있는지 알게 된다면 놀랄 거예요.) 따라서 톤의 위치와 근육 움직임을 조금만 바꿔도 말에서는 상대적으로 큰 변화가 일어날 수 있어요. 이 근육들을 구별해서 자각하는 것은 어렵기 때문에 여러분은 구강에서 어떤 일이 일어나고 있는지 알기 위해 그 근육들을 분리해서 연습해야 해요. 그러기 위해 여러분은 턱을 편하게 열고 그 연 상태를 유지할 필요가 있어요. 만약 여러분이 턱을 안정적으로 열어 놓을 수 없다면 연습을 하면서 두 가지 실수를 할 거예요: 하나, 여러분은 턱의 움직임과 분리해서 혀와 입술의 정확한 근육 움직임을 이해할 수 없어요. 둘, 턱이 어느 정도 열려 있지 않기 때문에 여러분은 입술과 혀를 충분히fully 사용해 볼 수 없고, 따라서 이 훈련은 적절한 효과를 일으키지 못해요. 그래서 처음 연습할 때에 본 프랍bone prop이나 비슷한 다른 것을 사용해서 연습하는 동안 턱이 열리도록 지탱해주는 것이 중요해요.

본 프랍은 연필 정도 두께의 작은 지지대로 길이가 다양해요. 여러분이 앞니 사이에 이걸 끼우면 턱이 편하게 열리도록 도와줘요. 위아래에 홈이 있어 앞니에 꼭 맞게 들어가고 턱의 압력 때문에 입 밖으로 밀려 나가는 걸 막아줘요. 런던 위그모어 스트릿에 존 벨과 크로이든에서 살 수 있는데[47] 코르크 마개, 플라스틱 펜, 칫솔 손잡이 등을 적당한 크기로 자르면 쉽게 대체가

---

[47] John Bell and Croyden of Wigmore Street, London. 지금은 이곳에서 본 프랍을 팔지 않는 것으로 보인다. 구입을 원하시는 분은 https://www.themorrisonboneprop.com/를 방문해 보길 바란다.

돼요. 그러나 홈이 있기 때문에 본 프랍이 훨씬 더 만족스러워요.

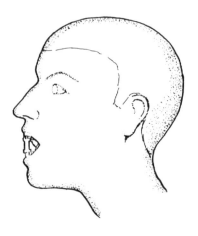

본 프랍은 1/8인치 간격으로 여러 사이즈가 있어요. 가장 큰 걸 쓴다면 7/8인치나 3/4인치여야 하고, 보통 크기로 사용하려면 5/8인치를 쓰세요.[48] 필요하다면 1/2인치까지 줄여도 돼요. 여러분이 프랍의 크기를 결정할 때에는 많은 주의가 필요해요. 프랍이 너무 크면 턱을 긴장하게 하고, 너무 작으면 턱을 충분히 열지 못해 훈련의 효과가 떨어져요. 사람에 따라 프랍 크기가 매우 달라질 수 있으니 합리적으로 접근해요.

턱을 너무 많이 긴장시키지 않는 크기가 있다면 그걸 사용하세요. 왜냐하면 본 프랍은 연습의 효율을 엄청나게 증대시키고, 효과를 빠르게 느끼도록 해주거든요. 이게 불편할지도 몰라요. 그러나 프랍은 절대로 턱을 긴장하게 하면 안 돼요. 만약 그렇다면 억지로 사용하지 말아요. 무리하게 사용하면 목과 혀 뒤에 긴장이 생기는데 이건 해로워요. 간혹 턱과 이의 구조가 본 프랍 사용을 어렵게 만들거나, 치아가 지나치게 예민하거나, 목을 긴장시켜 토할

48　센티미터로 환산하면 약 1.2~2.2센티미터.

것 같은 기분이 들기도 하는데, 이는 다 예외적인 경우이고 대부분의 사람들은 완전히 편안하게 사용했어요. 만약 본 프랍을 사용하는 것이 불가능하다면, 처음에는, 입 양쪽 가장자리에 손가락을 하나씩 놓아 턱이 안정되게 하고 거울을 보며 무엇이 움직이는지 점검하세요.[49] 턱의 움직임과 다른 조음 근육의 움직임을 분리하는 건 필수적이에요.

제가 여기서 강조하고 싶은 건, 본 프랍이나 턱을 크게 연 것이 말하기와 아무런 관련이 없다는 점이에요. 이건 그냥 근육의 정확한 움직임을 마음속에 담으려는 거예요. 궁극적으로, 연기할 때, 여러분은 일상에서 소리를 전달해야 한다고 생각하지 않는 것처럼 그 이상으로 말하기의 메커니즘을 의식하지 않아야 해요. 그러나 중요한 차이가 있어요. 근육이 깨어있지 못해 움직임이 거의, 또는 전혀 없는 말과 작아도 근육의 움직임이 분명해 바른right 에너지가 놓인 말의 의도 사이에는요. 이것이 소리를 다르게 만들어요.

이런 연습에서 빠르게 하는 건 중요하지 않아요. 속도는 붙을텐데 어떤 경우이든 여러분이 원할 때 그렇게 할 수 있게 될 거예요. 중요한 건 충분한 시간을 사용해서 완전한 근육 움직임을 느끼는 거예요. 예를 들어 혀끝 자음 ㅌ, ㄷ, ㄴ과 ㄹ을 위해 혀끝을 연습할 때는, '잇몸에 가해지는 3mm 정도 면적의 평평한 혀 앞쪽'의 압력을 알아야 하고, 기억해야 해요. 이 압력을 너무 많이 쓰면 리듬을 교란해서 소리를 딱딱하게 만들어요. 또 이 압력이 너무 작으면 자음이 미끄러져 소리를 보낼 만큼 단단해지지 않아요. 만일 그게 유성 자음이라면 자음은 진동을 충분히 얻지 못해 말에 기여하지 못할 거예요. 근육의 바른 움직임은 말을 선명하게 할 뿐만 아니라, 조음 근육이 진동을 갖게 해 공명을 더해주고 말소리에 긍정적으로 기여해요. 여러분은 선명하고 흠 없는 자음을 기식 없이 내고도 공명에 긍정적으로 기여하지 않아 소리의 질감과 깊이를 상실할 수 있어요. 다음의 무성, 유성 자음 쌍을 말해보며 유성 자음

---

49 피치 못할 경우의 대안일 뿐 본 프랍을 대체할 만한 효과를 주지는 않는다.

의 긍정적인 진동에 주목해요.

ㅍ-ㅂ[50]

ㅌ-ㄷ

ㅋ-ㄱ

ㅊ-ㅈ

　모음은 그 소리를 정의함에 있어 자음만큼이나 근육 움직임의 자각을 요구해요. 하지만 모음은 근육 간의 접촉이나, 근육에 대한 압력을 사용하지 않기 때문에 그 움직임에서 공명을 자각하기는 더 어려워요. 따라서 때로는 이를 자각할 목적으로 움직임을 크게 사용할 필요가 있어요. 입술 움직임으로 소리 내는 이중모음 ㅠ, ㅞ, ㅝ를 말하며 이렇게 실험해봐요. 턱을 충분히 열고, 입술 움직임을 크게 하며, 천천히 말해요. 특히 윗입술을 아랫입술만큼 왕성하게 움직여요. 서두르지 말고 차분히 하면서 움직임의 무게를 느껴요. 이윽고 여러분은 움직임이 일어나는 곳에서 소리가 나고, 그 움직임이 소리에 기여한다는 걸 듣게 될 거예요. 그러고 난 다음 혀 이중모음으로 해봐요. 턱을 열고 이중모음 ㅒ, ㅑ를 말하며 움직임의 무게를 느껴요. 소리가 움직임과 함께 나는 걸, 마치 그 움직임이 소리를 보내준다고 느낄 때까지 해요.

　목소리 음질에 필수적으로 요구되는 건 자음과 모음이 일치되게 톤을 놓는 거예요. 톤이 자음과 모음이 형성되는 곳으로 들어가야 말과 소리가 하나가 돼요. 자음 톤은 앞에, 모음 톤은 뒤나 가운데에 놓는 걸 흔하게 발견하는데 이걸 수정하는 작업은 미세해서 상당한 시간을 요구해요. 따라서 모음과 자음을 함께 연습해서 두 소리가 느낌에서 분리되지 않고 소리에서 지속적으

50　모음을 덧붙여 소리 내도 된다. 예) 파·바　타·다　카·가　차·자. 모음을 강조하지 말고 자음을 분명하게 소리 낸다.

로 이 둘의 균형을 유지할 수 있어야 해요.

앞에서 언급했듯이 자음과 모음의 소리는 상대적으로 작은 움직임을 통해 만들어지기 때문에 매우 섬세하게 정의되어야 해요. 그런데 이 움직임이 작은 공간 안에서 이루어지기 때문에 근육 간에 연결된 긴장을 구별하기가 어려워요. 예를 들어, ㄹ을 소리 낼 때 혀끝은 긴장하지만 혀의 뒤는 완전히 놓아줘야 해요. ㅂ의 경우 입술의 압력을 사용하면서 뒷목을 이완해야 하는데 그러지 않으면 목을 죄는 소리가 날 거예요. ㅜ 소리는 입술을 둥글게 말아내는데 이때 만약 혀 뒤를 긴장하게 되면 이것이 소리를 완전히 바꿔 놓을 거예요. 그래서 본 프랍이 요긴해요. 본 프랍은 각 근육의 움직임을 구별하여 인식하도록 도와주거든요. 이 근육들을 분명하게 사용하면서 목과 머리의 긴장은 완전히 놓아주어야 해요. 처음에 이 연습을 할 때, 여러분은 무의식적으로 머리를 앞으로 끄덕이거나 밀며, 마치 이것이 소리를 앞으로 보내주는 양 하는 자신을 발견할 거예요. 이는 당연히 목을 조이고, 목 내부의 호흡 통로와, 혀 뒤, 연구개를 긴장하게 해요. 그리고 가슴과 인두, 몸통에서 공명이 일어나는 것을 막아 호흡을 통해 얻을 수 있는 자유를 누리지 못하게 하죠.

말에 필요한 에너지는 관계하는 근육을 정확히 사용할 때 얻어져요: 다른 노력은 필요하지 않아요. 목과 목 내부의 어떤 긴장도 말소리를 흐리게 할 뿐이에요. 긴장은 분출되지 못하는, 그래서 낭비되고 상관없는 에너지예요. 말할 때 사용하지 않는 근육은 아무 일도 안 하는 양 이완되어야 해요. 여러분은 말이 튀어 나가는 감각을 알 필요가 있어요. 말에는 고유한 에너지가 담겨 있는데 이를 밀지 않아야 해요. 말을 밀면 그 즉시 의미가 흐려지고, 크기[51]도 줄어들어요.

소리는 호흡으로 시작되어 공명을 얻고, 말이 되어 밖으로 나가요. 의도

---

[51] 볼륨이 아니라 말에 담긴 감정, 생각, 태도 등이 작아짐을 의미한다. 말소리를 밀면 볼륨은 오히려 커진다.

와 소리와 말이 함께할 때 대사가 선명해져요. 말에서 이렇듯 애쓰지 않을 줄 알아야 여러분이 힘주어 강조하는 걸 멈출 수 있어요. 이건 흥미로워요. 왜냐하면 대사를 잘 전달해야 한다고 염려할 때 배우가 강조에 의존하거든요. 이때 보통 자음을 미는데 그렇게 하면 말의 리듬과 길이의 가능성은 즉시 제한돼요. 배우들은 자음만 선명해지면 된다고 생각하는 경향이 있는데 사실 에너지는 말 전체에 놓여야 해요. 만약 여러분이 의미를 전하고 관객에게 영향을 미치기 위해 강조에 의존한다면, 설령 단순한 방식의 강조가 아니라 해도 여러분은 무의식적으로 대사를 붙들고 있는 것이고, 따라서 의미를 제한하는 거예요. 이때 대사는 논리적인 수준에 머물기 때문에 여러분의 목소리가 함께 묶여요. 관객은 대사가 담고 있는 속뜻을 들어 말이 자기에게 작용하길 원해요. 만약 여러분에게 말의 가치를 모두 허용할 자신감이 있다면 그 말의 의미는 관객에게 전달되고 여러분은 여러분을 누르는 부담을 즉시 떨쳐 버릴 거예요. 밀지 않는 힘, 즉 바른 에너지가 바로 여러분이 추구해야 할 균형점이에요.

이 훈련은 여러 단계에서 효과가 있어요. 실용적으로는 선명한 말, 극장 공간에서의 대사 전달, 구강 앞에 톤 두기placing the tone에 필요하고 그렇게 함으로 조음 근육과, 구강 및 비강의 공명이 소리에 기여하도록 해요. 또한 다른 차원에서는 소통(연기)에 필요한 적절한 에너지를 찾고 의미를 발견하고 교감sharing하는 데에도 필수적이에요.

연습 훈련 Exercises

이 연습은 이완과 호흡 연습을 하고 난 뒤에 해야 그에 대한 자각이 스며들어요. 하지만 처음에는 이를 호흡 연습과 묶으려 들지 말아요. 그러지 않으면 초점이 흐려져 각각의 근육들을 분리해서 이해하지 못할 거예요. 이 연습을 하는 동안 머리, 목, 어깨의 이완의 감각과 자유를 계속 유지해야 해요. 이 셋을 완전히 자유롭게 하여 좋은 자세로 시작하고, 이를 수시로 점검할 필요가 있어요.

1. 턱

턱을 부드럽게 떨어뜨리고, 긴장하지 않은 채로 가장 크게 열 수 있는 위치를 찾아요. 구강을 두, 세 번 꽤 쉽게 열고 닫을 때 긴장을 일으키지 않아야 해요. 턱을 크게wide 여는 것이 어렵지 않아야 해요. 손가락 두 개가 들어갈 수 있는 넓이가 가장 좋아요. 만약 턱이 뻣뻣하면 씹는 동작을 여러 번 반복해요. 이건 짬이 날 때 할 수 있으니까 평소에 꾸준히 해서 턱이 얼른 느슨해질 수 있게 하세요. 긴장 없이 턱을 최대한 자유롭게 두는 것이 가장 중요해요.

2. 혀끝

본 프랍을 앞니 사이에 넣어요. 만약 본 프랍이 없다면 턱을 편하게 계속 열어 둘 수 있도록 입술 양 가장자리에 손가락을 하나씩 둬요.

ⓐ 말해요: 라

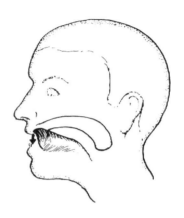

혀끝으로 윗잇몸을 살짝 튕겨(혹은 긁어) 소리 내는데, 이 움직임을 시작하기 전에 이미 혀끝에서 ㄹ의 에너지를 갖고 출발해야 해요. 혀끝의 에너지가 윗잇몸을 튕기는 그곳에서, 비록 짧은 순간이지만, ㄹ의 진동을 느끼고, 그러고 난 다음 재빠르게 모음으로 연결하세요. 모음 ㅏ에서는 구강이 열려야 해요. 혀 뒷부분은 놓아야 하고, 모음을 위해 목이 열리고 이완되어야 해요. 혀끝은 아랫니 뒤에 닿은 채 구강 아래에서 쉬게 해요. 혀끝에만 정확하게 긴장이 존재하고 움직임은 매끄러워야 해요. 혀가 모음을 튕겨 보내도록 해요.

이 움직임을 정확히 유지하며, 혀를 탄력 있고 리드미컬하게 사용하세요. '박자를 똑같게 유지하며'52 음절의 수를 늘려요.

---

52 박자 감각이 좋으면 화술에서 선택할 수 있는 전략이 훨씬 많아진다. 그래서 박자감을 훈련하기 위한 목적에서 시실리 베리는 이런 제안을 한다.

라 　　 라 　　 라

라라 　　 라라 　　 라라

라라라 　　 라라라 　　 라라라

리듬이 정확해야 하고, 혀끝이 내려갈 때마다 그 움직임이 확실해야 해
요. 음절 수가 늘어나면서 혀 움직임이 둔해지지 않도록 하세요.

본 프랍을 끼고 이 연습을 여러 번 하는데, 혀끝에서 에너지를 정확하게
느끼세요. 그리고 본 프랍 없이 여러 번 하는데 다른 곳은 애쓰지 않고 오직 혀
끝만 완전하게 일하도록 해요. 선명하고, 경제적이고, 자유로운 소리여야 해요.

처음에는 본 프랍을 써서, 그다음에는 본 프랍 없이 하지만 움직임을 정
확히 지키며 연습하는 것은 근육성 연습 내내 지켜야 해요.

ⓑ 혀끝을 윗니 잇몸에 둔 채 혀의 옆부분으로 윗잇몸을 분명하게 누르며
말해요[53]:

타

압력을 잠시 동안 붙들어 혀와 잇몸의 접촉을 느껴요. 그리고 혀를 떨어
뜨릴 때 호흡이 파열하는 걸 느껴요. 자음을 붙들고 있는 동안 공기가 새어나
가지 않아야 하고, 놓아줄 때는 적절한 양의 공기가 파열되어야 해요. 그것이
ㅌ에 날카로움과 나아가는 에너지를 주어요. 손을 입 앞에 대고 분출되는 공
기를 느끼며 실험해요. 이렇게 해봄으로 여러분은 압력과 공기의 분출이 올바

---

53 앞의 각주에서 밝혔듯이 /ㄷ,ㅌ,ㄸ/은 개인에 따라 근육 쓰는 방식이 다양하다. 이 디
렉션을 참고하되 자신의 방법을 사용하면 된다.

른지 확인할 수 있어요. 이 분출이 분명해야 되지만 이로 인해 움직임이 삐걱거리지 않아야 해요.

이제 이를 연습하는데 처음에는 본 프랍을 끼고, 그다음에 본 프랍을 빼고 움직임을 정확하게 지키며 여러 번 해요:

타　　　타　　　타　　　타

테테테　　테테테　　테테테　　테테테

ⓒ ㅌ과 같은 위치에서 같은 압력으로 말해요:

다

우선 잠시 동안 압력을 붙들며 그 압력을 마음속에 새겨요. 여러분은 혀와 잇몸 사이에서 진동이 시작하는 걸 느껴야 해요. 이는 유성음이니까요. 혀를 뗄 때 진동이 분명해서 이를 통해 소리가 거기에 놓이는 걸 알게 될 거예요. ㄷ은 유성음이지만 소리의 파열을 보내는 아주 적은 양의 호흡이 새어 나와요. 이 호흡은 ㄷ 고유의 힘을 실어주는 데 필수적이에요. 물론 호흡은 거의 모두 다 진동으로 전환되지만요.

이제 본 프랍을 끼고, 다음에는 본 프랍을 빼고 ㄷ의 공명에 주의를 기울이며 여러 번 연습해요.

다　　　다　　　다　　　다

데데데　　데데데　　데데데　　데데데

ㄸ은 소리 낼 때 혀와 잇몸을 더 눌러 ㄷ보다 더 큰 압력을 사용하지만 소리를 분출할 때에는 두 근육을 완전히 이완해서 ㄷ보다 더 민첩하게 돌아올 수 있도록 해야 해요. 혀와 잇몸의 접점에서 더 강한 진동과 더 큰 압력의 분출을 느낄 수 있도록 근육을 정확하게 써요. 그러기 위해서는 소리를 준비하는 시간도 더 써야 해요.

따　　　　따　　　　따　　　　따

떼떼떼　　떼떼떼　　떼떼떼　　떼떼떼

처음에는 본 프랍을 끼고, 그다음엔 본 프랍 없이 이를 여러 번 해요.

ⓓ　ㄷ과 똑같은 혀 위치에서 말해요:

나

ㄴ에서는 소리가 코를 통해 빠져나가도록 연구개가 내려와요.

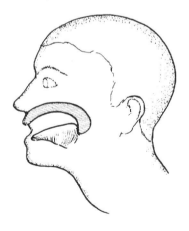

잠시 동안 ㄴ소리를 붙들며 혀의 위치, 혀끝의 진동 그리고 코의 공명을 느껴봐요.

그렇게 한 뒤 아래 순서로 혀 연습을 여러 번 하는데 본 프랍을 끼고도, 빼고도 해봐요:

나　　나　　나　　나
네네네　네네네　네네네　네네네

ㄷ에서처럼 혀를 근육적으로 분명하게 느끼는 게 중요해요. 그러지 않으면 비강 공명이 모음으로 들어가 모음에 콧소리를 입혀요. ㄴ뒤에 이어질 모음은 분명히 구강에 놓여야 하고 조금도 코로 들어가면 안 돼요. (뒤에 나올 연구개 연습이 이를 위해 도움이 될 거예요.) ㄴ에서 이 근육적 분명함firmness 을 얻기 위해 ㄴ과 ㄷ을 번갈아 연습하는 것이 도움이 돼요. 이렇게요:

데데데　네네네　데데데　네네네

3. 혀의 뒤쪽

🄴 혀의 뒷부분을 훈련하는 것은 선명한 발음뿐 아니라 소리를 여는 데에도 중요해요. '혀 뒤'가 느슨하면 톤과 말이 두꺼워지고 톤을 앞으로 보내는 것이 어려워져요. '서울의 일부 젊은 세대의 말씨에서'[54] 이런 느슨함이 발견돼요: 모음이 표준 모음이라 해도 만약 그런 느슨함이 있다면 그게

---

[54]　원서의 이 부분은 "코크니 악센트가 살짝 들어간 말씨에서"이다. 서울말은 런던 악센트처럼 다양한 발음을 갖고 있지 않기 때문에 이에 해당하는 서울 발음이 없다. 그래서 비슷한 발성 특징을 갖는 '서울의 일부 젊은 세대의 말씨'로 대체하였다.

말투에 특징을 입히는 거예요. 이 연습은 연구개를 자각할 수 있는 유일한 방법이고, (혀와 달리 연구개는 직접적인 감각 통제하에 있지 않아요.) 따라서 연구개를 적절히 자유롭게 해줄 수 있는 유일한 방법이에요. 만약 연구개 뒤쪽을 긴장한다면 이것이 소리에 큰 영향을 줘요. 금속성 비성을 입혀 내적 충동에 반응할 수 없게 해요. 목소리의 총체적인 음질을 위해 이 연습은 중요해요.

우선 혀 뒤를 연구개를 향해 올려요. 그와 동시에 연구개는 밑으로 내려 둘이 서로 닿게 하고 그 닿는 압력이 어떤지 보세요. 접촉이 분명해야 해요. 말해요:

카

가

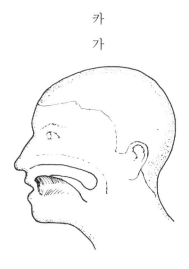

만약 혀를 위로 너무 높이 누르면 혀가 긴장할 거고, 너무 뒤로 누르면 축 늘어지는 소리가 나요. 여러 가지 위치를 시도해봐요: 너무 많은 압력을 쓰거나, 긴장하거나, 혀를 너무 뒤에 두거나, 그러면서 딱 좋은 긴장

을 찾아봐요. 입 앞에서 조금 떨어진 곳에 손을 두고 내면 소리를 판단하는 데 도움이 돼요. 자음이 바깥으로 공기를 보내는 감각을 느껴요.

이제 혀를 연습해요:

케케케   케케케   케케케   카

호흡을 밖으로 분출하는 걸 느껴요.

게게게   게게게   게게게   가

혀와 연구개 사이의 진동과, 아주 적은 양의 호흡이 소리를 밖으로 보내주는 걸 느껴요.

이를 본 프랍을 사용해서, 그리고 본 프랍 없이 여러 번 연습해요. 소리가 앞으로 파열해 나가는 느낌을, 깔끔하게, 애쓰지 않고 느껴야 해요.

ㄲ은 ㄱ보다 강한 진동을 만들기 위해 더 큰 압력이 요구돼요. 이는 결국 소리 준비 시간을 더 쓰게 하죠. 혀 뒤와 연구개가 만나는 그 접점에서 근육을 정확하게 사용하고, 소리를 분출한 뒤에는 혀와 연구개를 완전히 이완해 두 근육이 신속히 돌아오도록 하세요. 접점에서 더 큰 압력의 분출을 느껴요.

께께께   께께께   께께께   까

본 프랍을 사용해서, 그리고 본 프랍 없이 여러 번 연습해요.

f 연구개와 혀 뒤를 자각하는 것은 목소리에 매우 중요해요. 따라서 아래 연습을 시간을 충분히 갖고 해보며 긴장에 대해 실험하세요.

혀로 연구개를 세게 눌러 의식적으로 긴장시키며 'ㄱ'을 준비해요. 그렇게 잠시 붙들고 있다가 모음 'ㅔ'로 분출해요: 모음이 얼마나 타이트한지 들릴 거예요. 이제 다시 혀로 분명하지만 긴장하지 않으며 연구개를 누르고 '연구개 뒤'는 혀와 닿도록 내려요. 이 두 근육을 자유롭고 분명하게 사용해서 두 근육에서 진동을 느끼며 'ㄱ'을 말하자마자 턱을 떨어뜨리며 구강을 열어, 목이 완전히 열리는 것과 혀 뒤의 공간이 소리를 공명하는 것을 느끼며, 'ㅏ'를 말해요.

조여서	게	조여서	ㅇ[55]
풀어서	게	풀어서	ㅇ
많이 열어	아	열어서	ㅏ
조여서	게	조여서	ㅇ
풀어서	게	풀어서	ㅇ
많이 열어	예	열어서	예

이 연습의 장점은 아주 간단하면서도 어디에서나 할 수 있는 편이라는 것인데, 소리를 매우 자유롭게 해줘요. 고개를 가볍게 끄덕이면서 하면 아주 좋아요.

---

[55] 받침 ㅇ 소리

입술

🄖 두 입술 전체를 함께 눌러 서로 닿게 해요. 그 압력을 느끼며 말해요:

파

이는 물론 표을 많이 과장한 거예요. 그런데 처음에는 이렇게 할 필요가 있어요. 자, 입술 전체를 사용해 압력을 상당히 쓰세요:

페페페   페페페   페페페   파

상당한 양의 호흡이 터져 나가 본 프랍이 튀어 나갈 것 같은 느낌이어야 해요.

🄗 먼저 두 입술을 잠시 서로 붙여놓고 그곳에서 진동의 가능성을 느껴요:

바

그리고 난 다음에 두 입술 근육을 연습해요:

베베베   베베베   베베베   바

이 연습들을 처음에는 본 프랍을 갖고, 그다음에는 본 프랍 없이 여러 번 반복해요.

만약 여러분이 입술을 잘 누르고 있다면 그 상태를 오래 유지할 수 없을 거예요. 그러면 입술이 마비되기 시작하거든요. 보통의 말하기에서는 입술을 이렇게 많이 쓰지 않아요.

이 연습은 소리를 앞으로 보내고 입 안의 공명을 감각하는 가장 좋은 방법 중 하나예요. ㅂ의 진동에 주목해요. 물론 소리를 나아가게 하는 아주 적은 양의 호흡이 여기에도 있지만요.

ㅃ은 두 입술을 붙인 상태에서 ㅂ보다 압력을 더 써야 해요. 그 압력이 진동을 더 강하게 만드는데, 소리를 내려는 타이밍에 정확하게 가해져야 소리를 내고도 입술을 자유롭게 움직일 수 있어요.

삐 삐 삐　　삐 삐 삐　　삐 삐 삐　　빠

본 프랍을 끼고, 그다음에는 없이 이를 여러 번 연습해요.

말하기에서 입술의 개입은 해야 할 말을 소통하는 것과 직접적인 상관이 있어요. 제가 궁극적으로 말하려는 건 입술을 많이 움직여야 된다는 게 아니에요. 그 움직임을 자각하는 감각에 대해 말하는 거예요. 입술을 잘 안 움직이면 말하기를 꺼린다는 인상을 줘요; 흡사 말을 가리는 커튼과 같죠. 입술 움직임을 과장한 건 입술의 위치를 정확히 인지하려는 게 목적이에요.

ⓘ ㅁ은 비성이기 때문에 연구개가 내려와야 해요. 따라서 소리는 근육적으로 분명해야 하고 뒤에 오는 모음에 콧소리가 들어가지 않아야 해요.

마

소리를 잠시 붙들며 진동을 느껴요. 그리고 난 다음 입술을 연습해요:

메메메　　메메메　　메메메　　마
메메메　　베베베　　메메메　　베베베

ㅁ도 ㅂ처럼 근육적으로 분명해서 소리는 튀어가듯 나가야 하고 모음에 비성이 섞이지 않아야 해요. 이는 연구개와 혀를 분명하게 놓아주어야 한다는 뜻이에요.

4. 모음 연습

ⓐ 입술. 활짝 연 위치부터 둥글게 만 위치까지 입술을 구부리는 연습을 해 봐요:

ㅏ:[56]　　ㅜ:

혀와 연구개가 상당히 자유로워야 해요, ㅏ에서는 입꼬리를 당기지 말고, ㅜ에서는 입술의 움직임을 분명하게 해요.

이를 본 프랍을 써서, 그리고 본 프랍 없이 여러 번 해요. 입술이 ㅜ 모음으로 흐리듯이 미끄러져 들어가게 하지 말아요.

그리고 난 다음 연습해요:

ㅏ:　　　ㅗ:　　　ㅜ:

56　' : '는 장모음 표시

ㅗ의 톤tone이 입술에서 만들어지는 걸 느껴요. ㅗ와 ㅜ는 입술의 움직임도 다르지만 혀의 위치도 달라요. 입술만 신경 쓰다 혀의 위치를 놓치면 안 돼요. ㅗ의 혀는 ㅜ보다 조금 앞에 있어요.

ㅏ: ㅗ: ㅟ   ㅜ:

ㅟ는 ㅜ+ㅓ 즉 ㅜ에서 ㅓ로 움직이는 과정 중에 나는 소리예요. 입술과 혀를 사용하여 ㅟ의 소리를 준비하고, 소리를 냄과 동시에 입술을 놓아주며 혀를 재빠르게 ㅓ의 위치로 보내야 해요. 혀를 완전히 자유롭게 돼요. 그러지 않으면 혀가 소리를 바꿀 수 있어요.

모음의 정확한 입술 움직임을 느껴서 각 소리가 구별되고, 각 모음이 고유하게 정의되도록 해요. 톤은 이런 구체적인 움직임에 의해 밖으로 나가요. 톤이 구체적으로 놓일 때 말도, 똑같이, 구체적인 성질을 띠어요.

이제 자음과 모음을 같이 연습해요. 처음에는 본 프랍을 써서, 그다음에는 본 프랍 없이:

마: 모: 뭐   무:
파: 포: 풔   푸:
바: 보: 붜   부:
라: 로: 뤄   루:

자음과 모음의 움직임을 다 의식해서 자음이 삐걱대지 않게 하고 모음은 앞으로 보내요.

윗입술을 아랫입술만큼이나 유연하게 사용하는 것이 본질이에요. 시험 삼아 윗입술을 안 움직이며 소리를 내 봐요. 그러면 연구개와 윗입술의 근육 연관성을 바로 이해하게 돼요. 윗입술을 움직이지 않으면 연구개가 뻣뻣해지고 소리는 안으로 들어가요.

ⓑ 본 프랍을 빼서 턱이 자유롭게 움직이도록 하고, 입술 움직임을 더 크게 사용해서 움직임의 무게를 느껴요:

ㅛ   ㅘ

ㅛ는 ㅣ+ㅗ 즉 혀에서 입술로 이동하는 움직임이고 'ㅘ는 ㅜ+ㅏ'[57] 즉 입술에서 혀로 이동하는 움직임이에요. 이 둘의 움직임의 무게가 어떻게 다른가요?

묘   뫄
표   퐈
뵤   봐

이 연습은 입술을 자유롭게 하기에 매우 좋은 연습이에요.

ⓒ 이제 혀 모음을 연습할게요. 말해요:

ㅏ: ㅣ:

---

57 ㅘ의 실제 발음은 ㅗ+ㅏ가 아니라 ㅜ+ㅏ. 이호영(2003), 119쪽 참조

이를 여러 번 하는데 처음에는 본 프랍을 갖고, 그다음에는 본 프랍 없이 해요. 연구개와 혀 뒤를 항상 놓아주고, 혀를 바닥에 평평하게 편 ㅏ 의 위치에서 앞으로 높이 구부린 ㅣ의 위치까지 움직여요.

혀끝을 아랫니 뒤에 두고 혓날의 움직임이 두 모음에서 꽤 다른 걸 느껴요.

ⓓ 다시 혀끝을 아랫니 뒤에 댄 채 혓날을 연습해요.

ㅏ:	ㅔ	ㅣ:	
ㅏ:	ㅔ	ㅣ:	ㅑ

ㅔ와 ㅑ는 이중모음이에요. 따라서 이를 말할 때 혓날의 움직임을 상당히 느껴야 해요. 모든 모음에서 혀의 공명을 느껴요; 이는 마치 혀가 모음을 보내는 것 같아야 해요.

이를 여러 번 본 프랍을 갖고, 본 프랍 없이 해요.

ⓔ 이제 모음과 자음을 합칠 거예요. 자음은 분명하지만 뻣뻣하지 않아야 하고, 모음은 자음만큼이나 근육적으로 분명해야 해요.

라:	레[58]	리:	랴
타:	테	티:	탸
다:	데	디:	댜

---

58 '레'가 아니라 '례'로 소리 낸다. 톄와 뎨도 마찬가지.

자음은 모음이 앞으로 나아가는 것을 도와야 해요.

f 본 프랍 없이 아래의 두 모음으로 혀를 연습해요.

ㅖ   ㅑ

례   랴

혓날의 움직임을 느껴요. 이는 소리를 자유롭게 해주는 가장 좋은 연습 중 하나인데, 앞 장의 호흡 연습에서 자주 사용해도 좋아요.

g 아래 두 모음에서 혀 가운데 부분의 움직임을 비교해 봐요. ㅕ는 ㅖ보다 조금 더 뒤의 부분을 움직이고 더 밑에까지 내려와요. ㅖ는 ㅕ보다 조금 앞부분을 움직이면서 경구개를 살짝 들게 해요.

ㅕ   ㅖ

텨   톄

더   뎨

이를 여러 번 본 프랍을 써서, 본 프랍 없이 해요.

h 다음을 본 프랍 없이 매우 이완된 작은 소리를 내며 입술, 혀 그리고 구강 앞에서 진동을 느껴요.

베베베베베베베

데데데데데데데

메메메메메메메
네네네네네네네

여러분은 지금까지 말하는 데 사용되는 모든 근육을 작업했어요. 여기에 요구되는 에너지도 느꼈고, 이것이 소리에 주는 부가적인 차원의 공명도 알게 되었어요. 이제 하나의 텍스트에서 이를 모두 통합해 볼게요. 이지엽 시인의 '해남에서 온 편지'는 이 목적에 상당히 부합해요.[59] 의미가 복잡하지 않은데 매우 신체적인 언어로 쓰여 있어서 여러분이 지금껏 작업해 온 근육성 훈련의 맥락을 강화해 줄 거예요. 부언하면 혹시 부드러운 텍스트를 사용한다 해도 근육 움직임을 크게 사용하는 것에 대해 어색해하지 말아요. 근육성을 키워서 연습하는 것은 언제나 놀라운 결과를 가져다줘요.

처음에는 이를 훈련으로 생각하고 다음의 단계를 따라요.

i. 본 프랍을 끼고 천천히 읽으며 각 자음과 모음의 완벽한 움직임을 따라가요. 자음, 모음, 하나하나가 어떻게 연결되나요? 본 프랍을 끼게 되면 방해를 받아 만족하게 낼 수 없는 소리가 있어요—턱을 닫아야 하는 자음들이 그렇죠. ㅅ, ㅈ, ㅊ. 그밖에는 가능한 한 분명하게 말하려고 해요. 자음이 많은 프레이즈에서 특히 정확하게 해요.

ii. 본 프랍 없이, 그러나 천천히, 모든 근육 움직임을 정확하게 완성해요.

---

59 원서에 제시된 텍스트는 Dylon Thomas의 "Under Milkwood"이다. 이 텍스트에서 보여준 시실리 베리의 훈련 초점을 고려하여 번역자가 이를 <해남에서 온 편자>로 대체하였다. 번역자는 대체 시를 선택할 때 '저자의 훈련 관점을 최대한 살릴 수 있는 시'를 선택하는 것을 제1원칙으로 하였다. 따라서, 시만 우리 시를 사용하고 있을 뿐 이의 해설과 훈련 방식은 저자의 원문을 거의 그대로 살린 것임을 밝힌다. 이 '대체의 제1원칙'은 이후에 나오는 모든 시에 적용된다.

턱은 매우 자유로워야 해요. 처음에는 구강을 더 크게 열고 시작하지만 차차 보통 상태의 턱 열림으로 줄여요.

iii. 입 주위에 두 손을 모아 마치 메가폰인 것처럼 사용하여 텍스트의 한 부분을 말해요. 입 주위에 둔 두 손이 공명을 더해 자기의 공명을 진작시킬 거예요. 이 경험은 톤이 어디에 놓여야 하는지를 정확히 짚어줘요. 손을 입에서 떼 보면 여러분은 소리 차이를 알아차릴 수 있어요. 어떤 텍스트로 해봐도 이 방법은 매우 도움이 돼요.

iv. 근육 움직임을 과장하지 말고 텍스트를 말하는데, 의미에 초점을 두기 시작해요. 하지만 자음과 모음에 있는 에너지는 유지해야 해요. 이 둘을 합치기 시작해서 이 연습이 신체적 과정과 내면의 과정을 연결하는 다리 역할을 하게 해요. 준비되면 여기에 호흡 연습을 더해요.

이 순서는 어떤 텍스트에 적용해도 좋아요.

해남에서 온 편지, 이지엽

아홉배미 길 질컥질컥해서
오늘도 삭신 꾹꾹 쑤신다

아가 서울 가는 인편에 쌀 쪼깐 부친다 비민하겄냐만 그래도 잘 챙겨 묵거라 아이엠 에픈가 뭔가가 징허긴 징헌갑다 느그 오래비도 존화로만 기별 딸랑하고 지난 설에도 안와브럿다 애비가 알믄 배락을 칠 것인디 그냥반 까무잡잡하던 낯짝도 인자는 가뭇가뭇하다 나도 얼릉 따라 나서야 것는디 모진 것이 목숨이라 이도저도 못하고 그러냐 안.

쑥 한 바구리 캐와 따듬다 말고 쏘주 한 잔 혔다 지랄놈의 농사는 지면
뭣 하냐 그래도 자석들한테 팥이랑 돈부, 깨, 콩, 고추 보내는 재미였는
디 너할코 종신서원이라니... 더 살기 팍팍해서 어째야 쓸란가 모르겠다
너는 이 에미더러 보고자퍼도 꾹 전디라고 했는디 달구똥마냥 니 생각
끈하다

복사꽃 저리 환하게 핀 것이
혼자 볼랑께 영 아깝다야

이는 단어들의 의미와 그 신체적 구성 요소의 관계를 명확하게 보여주기
때문에 참 놀라운 제재예요. 이를 소리 내어 읽으며 여러분은 그걸 설명할 필
요 없이 그 관계를 느껴요. 1장에서 말씀드렸지만 강한 감정이 개입하면 생리
적인 변화가 발생해요. 이 시는 해남 사투리를 통해 삶의 고단함과 투박함을
담담하게 말하는데, 오히려 이를 통해 자식에 대한 사랑이 애잔하게 전해져요.
'질컥질컥해서', '꾹꾹 쑤신다', '기별 딸랑하고', '배락을 칠 것인디', '지랄놈
의 농사는' '끈하다'와 같은 말의 신체적인 의미는 이들의 신체적 무게 안에
그리고 이들을 말하는 근육 움직임 안에 담겨 있어요. 어딘가에서 이 둘의 무
게는 서로 연결돼요.

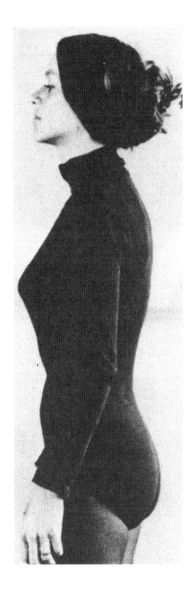

1. 허리에 있는 곡면curve이 나쁜 자세를 유발한다.

2. 시실리 베리와 여배우 린 다스Lynn Dearth가 등이 길어지며 펴지는 것long and straight과 머리가 등에서부터 길어지는 것을 보여주고 있다.

3. 무릎을 세워 누운 자세. 등이 평평하고 넓어진다.

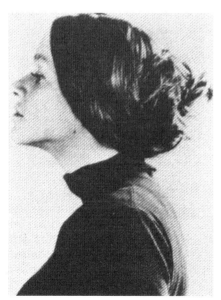

4. 목과 어깨가 긴장되어 목에서 공명이 자유
   롭지 못한 경우

저는 모음을 정확히 내는 것과, 자음과 모음의 관계에 대해 좀 더 구체적이고 싶어요. 이는, 당연히, 톤을 두는 일the placing of the tone에 특별한 가치를 가져요.

조용히, 그리고 편하게, 다음 모음들을 말해요. 처음엔 본 프랍을 써서, 그다음엔 없이.

1. ㅜ:　　ㅜ　　ㅝ

각 모음에서 입술의 위치를 정확하게 느껴요. 혀 뒤가 자유롭고 열려 있어야 다른 소리가 섞이지 않아요. 입술이 흐리멍덩하게 소리로 흘러 들어가지 않아야 하고, 모음마다 그 움직임이 분명해야 해요. ㅜ는 짧지만 입술을 둥글게 마는 구체적인 움직임이 있어요. ㅜ: 만큼은 아니지만요. ㅜ의 톤이 입술에서 만들어지는 걸 느껴요. 왜냐하면 ㅜ는 구강 뒤쪽으로 두기 쉬운 소리예요. ㅝ는 ㅜ의 둥근 입술 모양에서 혀가 ㅓ의 위치로 이동하면서 구강을 열어요. 톤이 이 움직임과 함께 일어나야 해요. 이 진행에 익숙해지면 빨리 말하는데 그래도 정확한 움직임을 유지해야 해요. 각 소리 사이의 움직임이 꽤 작아요.

그러고 난 다음 앞에 자음을 넣어요:

루:	루	뤄
푸:	푸	풔
부:	부	붜
뿌:	뿌	뿨

2. 다음 모음으로 똑같이 해요:

ㅗ: ㅗ   ㅘ

ㅗ:에서 '턱이 길어지는 걸'[60] 느끼지만 소리는 앞에, 입술에 있어야 해요. 또한 ㅗ 역시 입술을, 작지만, 둥글게 말 때 소리를 앞에 두어야 해요. ㅘ는 둥글게 만 ㅜ 모음에서 활짝 열며 ㅏ의 위치로 혀가 내려가며 나는 소리예요. 입술과 혀가 움직일 때 소리가 만들어져야 해요. ㅘ의 무게는 첫소리에 놓여요.

이제 앞에 자음을 붙여요:

포: 포   퐈

보: 보   봐

뽀: 뽀   **뽜**

3. 이제 말해요:

ㅛ

이는 혀를 ㅣ의 위치에 두고 시작해서 매우 분명하게 혀를 아래로 내리며 입술을 둥글게 말아 내는 소리예요. 위에 있는 자음들과 연결해서 연습해요.

---

[60] 하품을 하면 구강이 열리면서 턱이 위아래로 길어지는데 그렇게 열리면서 길어지는 것.

4. 혀 모음 연습을 위해 아래의 모음 진행을 해봐요. ㅏ에서 혀를 바닥에 평평하게 두고 입꼬리는 이완하여, 당기지 말아요. ㅣ에서 혀 앞부분을 조금씩 서서히 들어 혀가 높이 구부러질 때까지 올려요. 이 연습을 하는 동안 혀끝은 아랫니 뒤에 안정되게 돼요. 목은 열고 혀 뒷부분은 가능한 한 이완해요. 각 모음 간의 움직임이 꽤 작지만 이를 매우 정확하게 느껴야 해요. 왜냐하면 혀 두는 곳을 정확히 아는 것이 모음을 정확히 정의하고 톤을 일으키기 때문이에요. 톤은 모음이 만들어지고 있는 곳으로 가야 해요.

본 프랍을 끼고 그리고 본 프랍 없이 말해요:

ㅏ: - ㅓ - ㅐ - ㅔ - ㅞ - ㅣ - ㅣ: - ㅑ

ㅞ는 ㅣ의 위치에서 시작하여 ㅔ로 빠르게 미끄러져 들어가요. ㅑ는 ㅣ의 위치에서 ㅏ의 위치로 움직이죠. 이들 모음에서 모음의 무게는 첫소리에 담겨요. 혀는 두 번째 소리로 미끄러져 들어갈 뿐 그 소리에 머물지는 않아요. 두 번째 소리를 충분히 내게 되면 두 음절이 되기 때문에 이는 중요해요.

위의 모음들은 말할 때 혀의 움직임을 느끼게 해주기 때문에 톤을 두는 연습으로 특히 유용해요. 이 연습은 혀를 훨씬 더 섬세하고 잘 움직이게 만들고, 이들의 근육성은 그 자체로 공명을 담아요. 말과 노래에서 근육성을 충분히 쓸 때 여러분은 혀의 진동을 느낄 수 있고 혀가 소리를 보내는 것도 느낄 수 있어요.

마지막 과제는 하는 데 시간이 좀 걸려요. 그러나 톤을 바르게 두어야 말이 선명해지기 때문에, 모음을 개별적으로 경험하고 그 위치를 이해하는 것은 중요해요. 분명한 건 실제 말하기에서 모음은 이렇게 열려 있지 않다는 점이에요. 왜냐하면 모음은 항상 단어 안에서 존재하기 때문에 결국 자음의 앞이나 뒤에 오고, 이것이 모음의 위치에 변화를 일으키기 때문이에요. 어떤 경우에도 모음을 완전히 열어 소리 내면 어색할 거예요. 하지만 모음을 구별적으로 경험하는 것은 필수예요. 그래야 그런 자유와 톤 두기가 말하기로 들어와요.

　　혀 모음 앞에 자음을 더해서 연습해요. 한두 번은 본 프랍을 사용해서 하지만 보통은 모음마다 턱을 자유롭게 열어 본 프랍 없이 하세요. 자음의 마찰과 진동이 모음 두는 곳으로 매끄럽게 들어가는 것을 자각하세요. 서둘지 말고 각 소리의 무게를 느껴요:

라:	러	래	레	례	리	리:	랴
타:	터	태	테	톄	티	티:	탸
다:	더	대	데	뎨	디	디:	댜
따:	떠	때	떼	뗴	띠	띠:	땨
나:	너	내	네	녜	니	니:	냐
파:	퍼	패	페	폐	피	피:	퍄
바:	버	배	베	볘	비	비:	뱌
빠:	뻐	빼	뻬	뼤	삐	삐:	뺘
마:	머	매	메	몌	미	미:	먀
카:	커	캐	케	켸	키	키:	캬
가:	거	개	게	계	기	기:	갸
까:	꺼	깨	께	꼐	끼	끼:	꺄

자음이 모음을 밖으로 보내고 모음이 고유의 공명을 갖는 것을, 긴장하거나 밀지 말고 경험하세요. 각 소리는 고유한 에너지를 갖는데 여러분은 이를 기억할 필요가 있어요. 왜냐하면 애쓰지 않고without effort 언어를 신체적으로 전해 주는 것이 바로 이 에너지이기 때문이에요.

'모음을 정확히 두는 것'이 톤에 어떤 차이를 일으키는지 듣기 위해 턱을 거의 닫아 혀가 거의 움직이지 못하게 하고 연습해봐요. 모음을 알아듣게 할 수 있어도 소리는 구강 뒤에 머물러요. 매우 제한된 방식으로 모음의 소리를 내기 때문에 혀 뒤가 특히 긴장할 거고 모음이 제대로 정의되지 않아요. 또한 구강에 충분한 통로가 확보되지 않기 때문에 쉽게 콧소리로 가요. 목을 열어서 이 모음 순서를 반복해요. 턱을 완전히 놓아주어 혀의 공간이 소리를 형성하게 해요. 여러분 스스로 결론을 도출할 수 있을 거예요. 물론 조금 전에는 지나치게 턱을 닫아 모음이 뒤로 간 거지만 대부분의 사람들이 어느 정도는 이렇게 모음을 제한해서 사용해요. 깨달을 것은 턱, 입술 그리고 혀의 자유를 조금만 막아도 소리는 닫히고 여러분이 목소리로 할 수 있는 일은 제한된다는 것이에요. 이는 목소리의 에너지를 막아요.

이제 자음의 고유한 에너지를 알아봐요. 초성 자음은 종성 자음에 비해 더 많은 충동을 전달해요. 즉 초성 자음은 종성 자음보다 조금 더 많은 호흡을 요구해요. 또한 여러분은 무성 자음과 유성 자음의 서로 다른 감각도 알아야 해요.61

혀 자음을 아래 모음들을 사용해서 소리 내요:

---

61 우리말은 유성 자음의 진동, 특히 파열 유성 자음의 진동이 적은 편이어서 낮은 볼륨으로 말할 때 유성 자음을 무성으로 처리해도 소통에 지장이 생기지 않는다. 그래서 일상의 말하기에서 자음의 진동 유무를 신경 쓰지 않는 경향이 있다. 그러나 이것이 습관이 되면 목소리를 가로막는 커다란 장애물이 될 수 있다. 목소리 문제로 고통을 호소하는 연기 전공생/배우 중에는 이런 경우가 의외로 많다. 유성음과 무성음의 다른 감각을 이해하는 것은 한국 배우에게도 중요한 문제이다.

투:	둬	토	타:	텨	티
두:	둬	도	다:	뎌	디
뚜:	뚸	또	따:	뗘	띠
누:	눠	노	나:	녀	니

우리가 앞에서 발견한 경구개에 가해지는 혀의 올바른 압력을 느끼고, 모음을 위해 턱을 열어요. ㅌ에서 여러분은 자음을 놓아주자마자 터지는 호흡의 작은 파열을 들을 거고, ㄷ에서는 혀끝과 윗잇몸 사이에서 일어나는 진동과 자음을 소리 낼 때 분출되는 아주 적은 양의 호흡을 느낄 거예요. 말을 정확하게 만들고 소리를 밖으로 보내주는 것이 바로 이 적은 공기의 분출이에요. ㄴ에서는 소리가 코에서 공명되도록 연구개 뒤쪽이 내려와요. 이 비강 공명은 ㄴ에 매우 중요해요. 그러나 모음은 정확히 구강으로 들어가야 해요. 자음과 모음의 이 균형을 느끼기 위해 시간을 충분히 써요.

입술 자음을 써서 다시 해요:

푸:	풔	포	파:	펴	피
부:	붜	보	바:	벼	비
뿌:	뿨	뽀	빠:	뼈	삐
무:	뭐	모	마:	며	미

여러분이 ㅍ을 놓아주면 곧바로 호흡의 파열이 일어나요. ㅂ은 소리를 붙들고 있을 때 마찰이 있고 소리를 모음으로 놓아줄 때는 작은 공기의 파열이 있어요. ㅁ은 코에서 공명되어 목소리에 공명을 더하지만 모음과 연결할

때는 톤이 반드시 모음의 위치로 가야 해요.

혀 뒤를 연습하는 것도 비슷해요. 혀의 적절한 압력을 사용해 연구개를 누르고, 소리는 앞으로 파열되게 하세요.

쿠:	쿼	코	캬:	켜	키
구:	궈	고	갸:	겨	기
꾸:	꿔	꼬	꺄:	껴	끼

ㅋ에서 호흡을, ㄱ에서 진동을 느껴요.

이제 받침을 넣을게요. 받침은 ㄱ,ㄷ,ㅂ처럼 소리를 닫는 자음과 ㄴ,ㅁ,ㄹ처럼 소리를 지속하는 자음이 있어요. 지속하는 자음은 닫는 자음보다 소리가 조금 더 길게 나고, 닫는 자음은 성대를 닫아 소리를 막는 특징이 있어요. 닫는 자음에서는 목에 힘을 더 주지 않도록 하고, 지속하는 자음에서는 '두 조음 근육이 만나는 곳에서 진동'[62]을 느껴요. 그러나 소리를 닫든, 지속하든 조음 근육은 소리 나는 곳에 계속 붙어 있다는 걸 기억해요.

울:	욷:
웜:	웁:
앙:	악:
인:	잇:(읻:)

---

62 ㅁ,ㅂ은 두 입술, ㄴ,ㄷ,ㄹ은 혀끝과 윗잇몸, ㅇ,ㄱ은 혀 뒤와 연구개.

반침에서 주목해야 할 것은 반침이 들어간 말과 들어가지 않은 말은 리듬의 차이가 있다는 점이에요. 이를 반침이 없는 소리와 비교해 보면 들을 수 있어요. 다음의 단어 쌍을 말해보며 앞의 단어와 뒤 단어 간의 길이 및 타이밍 차이를 들어봐요.

아마 – 안마
우지 – 우직
지도 – 집도

'아마'와 비교할 때 '안마'는 반침 ㄴ으로 인해 첫음절 '안'의 길이가 조금 더 길어지면서 둘째 음절 '마'의 소리 타이밍이 조금 늦어져요. 이는 다시 둘째 음절 '마'의 길이를 조금 더 짧게 만들죠. '우지'와 비교하면 '우직'은 둘째 음절의 모음 길이가 짧아지는데 이는 반침 'ㄱ'이 닫는 소리여서 이로 인해 모음 소리가 빨리 끊어지기 때문이에요. '지도'와 '집도'는 조금 특별한 예 예요. 첫음절의 반침 'ㅂ'이 둘째 음절의 ㄷ을 ㄸ으로 바꿔놓기 때문에 이것이 된소리를 내기 위한 준비 시간을 더 쓰게 만들어 '아마'-'안마' 쌍과 비교할 때 타이밍의 차이를 더 도드라지게 해요. 특히 반침 ㅂ은 소리에 머물 수 있게 해주는 특징이 있어 여기에선 타이밍을 더 늦추는 것도 가능해져요.

이러한 조합은 무궁무진해요. 대사에서 자음과 모음이 어떻게 섞여 있는지에 따라 일어나는 말의 변주를 듣는 것은 정말 환상적인 일이에요. 이것이 바로 '선택된 말'the words chosen[63]의, 따라서 그 의미의 고유한 단위particular measure예요.

---

[63] 시적이든, 일상적이든 대사는 특별하게 선택된 언어의 조합이다. 의미도 중요하지만 그렇게 선택된 말 역시 중요하다.

이제 자음을 절대적으로 선명하게 만들어야 해요. 아래의 자음모음쌍을 하는데 처음에는 본 프랍을 끼고, 그다음에는 빼고 하며 자음의 근육 움직임을 완벽하게 느끼세요.[64] 예를 들어 '우:크트'와 '우:그드'에서 여러분은 이 자음들을 구별해주는 혀 뒤와 혀 앞의 근육 움직임을 평소 말할 때보다 더 많이 써야 하고, 더 완전하게 느껴야 해요. 또한 무성 자음과 모음의 조합에서는 모음이 무성음화하지 않게 주의해요.

우:크트	워크트	오:크트	아.크트	예크트	이:크트
우:그드	워그드	오:그드	아.그드	예그드	이:그드
우:ㄲ뜨	워ㄲ뜨	오:ㄲ뜨	아.ㄲ뜨	예ㄲ뜨	이:ㄲ뜨
우:프트	워프트	오:프트	아.프트	예프트	이:프트
우:브드	워브드	오:브드	아.브드	예브드	이:브드
우:뻬뜨	워뻬뜨	오:뻬뜨	아.뻬뜨	예뻬뜨	이:뻬뜨
우:므드	워므드	오:므드	아.므드	예므드	이:므드
우:르트	워르트	오:르트	아.르트	예르트	이:르트
우:르드	워르드	오:르드	아.르드	예르드	이:르드
우:르즈	워르즈	오:르즈	아.르즈	예르즈	이:르즈

본 프랍을 끼면 ㅅ을 만족스럽게 낼 수 없어요. 그러니 다음 연습은 본 프랍을 빼고 하세요. 턱을 최대한 열리게 해요. 왜냐하면 이 연습은 턱 연습으로도 뛰어나기 때문이에요. 그러나 이때 모음이 자유롭고 소리가 적절해야 해요.

---

64 본 프랍을 빼도 본 프랍이 하나 들어갈 정도의 구강을 열고 한다.

우ː스트	워스트	오ː스트	아ː스트	예스트	이ː스트
우ː스트스	워스트스	오ː스트스	아ː스트스	예스트스	이ː스트스
우ː즈드	워즈드	오ː즈드	아ː즈드	예즈드	이ː즈드
우ː프트스	워프트스	오ː프트스	아ː프트스	예프트스	이ː프트스
우ː크스트	워크스트	오ː크스트	아ː크스트	예크스트	이ː크스트
우ː트스	워트스	오ː트스	아ː트스	예트스	이ː트스

어려운 자음 조합들과 결합된 이 일련의 모음들이 개인의 자음 유연성 문제에 답해야 해요.

모음의 길이와 모음 두는 곳placing에 대한 이 증대된 자각을 갖고, 자음의 양quantity과 근육성을 사용해서 방금 했던 <해남에서 온 편지>를 다시 해 봐요. 첫 문장을 취해 모음만 말해요. 각 모음의 위치가 어디인지 아무리 짧은 모음이라 해도 주의를 다 기울여요. 그리고 자음을 갖고 이를 똑같이 해요 —각 자음을 분리해서 말하고, 그 모든 움직임과 길이를 느껴요. 그런 다음 문장을 정상적으로 말하며 자음으로 연결되는 모음의 움직임과 그들이 만드는 움직임 패턴을 정확히 의식aware해요.[65]

마지막으로 의미에 집중하며 이를 정상적으로 말해요. 여러분은 단어의 무게에 대한 자각으로 의미가 스스로, 엄청나게 드러나는 것을 발견할 거예요. 팍팍하고 고단한 현실, 자식들에 대한 그리움과 사랑은 시어를 말하는 신체적인 움직임에 직접적으로 연결되어 있어요. 여러분은 다른 텍스트를 사용해 같은 방식으로 실험할 수 있어요. 각 행이 담고 있는 자음의 양적 차이the difference in quantity, 그리고 이로 인한 움직임의 차이를 들어요. 말의 무게는 의미의 많은 부분을 담고 있고, 이에 대한 자각은 여러분에게 많은 것을 알려

---

65 우리말은 소리 낼 때 다른 음운으로 바뀌는 경우가 많은데 맞춤법이 아닌 실제 발음을 기준으로 탐구한다.

줘요.

이제 악센트에 관해 얘기할게요. 악센트를 다루는 건 언제나 어려워요. 왜냐하면 다른 악센트로 말하면 자기 고향을 배신하는 것 같거나, 자기에게 거짓말을 하는 느낌이 들기 때문이에요. 제 생각에는 표준 악센트는 약간 사내답지 못하다는 인식도 뿌리 깊어서 자기 악센트를 제거하면 남자다움이 제거될 거라 보는 것도 이유가 될 것 같아요. 이게 여자들보다 남자들이 악센트 작업에 더 어려움을 느끼는 이유예요. 계급에 대한 의식은 우리가 인정하는 것보다 더 깊이 작용해요. 표준 악센트가 더 이상 표준으로 정의되거나 강한 구속력을 갖지 않는데도 말이에요. 격을 갖추지 않고 말하는 것이 유행하기 시작했다는 건 흥미로운 일이에요. 제가 했던 얘기와 상치되지 않는 피상적인 일이라고 저도 생각하지만요. 악센트 문제에서 균형을 잃는다면 여러분이 연기할 수 있는 역할과 여러분이 낼 수 있는 소리는 제한될 거예요.

만약 여러분이 틀린 발음을 고치는 데 집중하는 대신 적절하게 근육성을 사용하고 자음과 모음을 잘 두는 데 집중한다면, 여러분은 자기의 개성을 유지하며 동시에 모든 종류의 대본을 다룰 수 있도록 목소리를 신장시키게 될 거예요. 이미 제시된 연습, 특히 모음에 관한 연습들이 이런 문제에 대한 답을 주어야만 해요. 중앙화된 모음medial vowels[66]은 런던 말씨의 특징이에요. 코크니 악센트 느낌이지만 사실 코크니가 아니에요. 이 말씨에는 종종 콧소리가 섞이는데 이건 턱이 긴장해서 입술과 혀를 충분히 움직이지 못해 생기는 결과예요. 이건 코크니 악센트에 국한되지 않아요. 왜냐하면 어떤 모음을 그렇게 하고 그게 어떤 걸 연상시키는지가 다를 뿐 일부 상류층이나 켄싱턴Kensington 악센트에도 같은 특징이 있기 때문이에요. 강한 호주 악센트는 턱의 움직임을 좁게 쓰는 극단적인 예예요. 이는 입술 특히 윗입술의 근육 움직임에 영향을

---

66 모음에서 혀를 쓸 때 개모음과 폐모음의 위치 사이에서 나는 모음을 말하나 여기서는 개모음과 폐모음까지 중앙화하는 것을 의미한다.

미치는데, 결국 연구개 뒤쪽을 가로막아요. 이 악센트를 가지면 구강 중앙에서 소리 나야 할 모음이 모두 구강 뒤로 가기 때문에 모음을 정의하기 위해 '혀 뒷부분'이 특히 힘들게 일해야 해요.

따라서 여러분이 집중해야 할 것은 모음의 균형the balance of vowels과 자음의 완전한 움직임the complete movement of the consonants이에요. 하지만 우리가 살펴봐야 할 게 두 가지 더 있어요.

1. **콧소리가 섞인 모음**: 먼저, 다음을 하며 연구개 뒤쪽을 놓아줘요.

> 케케케 ... 그러고 난 뒤 활짝 열어 ㅏ
> 게게게 ... 그러고 난 뒤 활짝 열어 ㅔ

연구개를 놓아준 채로 비음 자음 ㅁ과 ㄴ을 모음과 함께 내요. 처음엔 자음과 모음을 분리해서, 그다음엔 함께 내요.67

자음이 코에서 나도록 주의해야 하지만 모음은 구강으로 나와야 해요. '문', '마음' 같은 단어로 연습해요. 모음이 항상 구강으로 들어간다는 느낌이 들 때까지 계속 천천히 해야 해요.68 모음에서 하품하는 느낌으로 소리 내는 것도 가끔씩 도움이 돼요.

2. **유성 자음의 무성음화**: ㅌ,ㅋ,ㅍ,ㅊ 같은 무성 자음은 말에 날카로움을 줘요. 그러나 모든 유성 자음을 적절히 진동하는 건 매우 중요해요. 왜냐하면 유성 자음이 목소리에 공명을 더해주기 때문이에요. 유성 자음과 무

---

67 예를 들면 처음엔 ㅁ~ㅏ~, ㄴ~ㅏ~로 내고, 그다음에 마, 나로 내는 것이다.
68 그런 방식으로 소리를 내면 ㅁ~ㅜ~ㄴ~ ㅁ~ㅏ~ㅡ~ㅁ~이 된다.

성 자음을 짝지어 연습하는 것이 좋은데, 유성 자음에 진동이 충분히 실리도록 차분히 연습해요.

프-브
트-드
크-그
츠-즈

다음 단계는 이 심화된 자각을 유연한 근육 움직임과 명확한 소리를 요구하는 텍스트에 적용하는 거예요. 저는 드라이든Dryden과 시트웰Sitwell의 시가 매우 리드미컬하고, 리듬의 율동성이 좋아 텍스트로 사용할 가치가 뛰어남을 발견했어요. 이 중에서 하나를 선택해서 우선 몇 줄 읽어요. 말words의 근육 움직임을 크게 확장해 가며 반복해 보고, 그 근육 움직임을 확실히 파악하세요. 엄격히 시간을 지켜가며 시를 읽어요.[69] 처음에는 천천히 읽는데, 익숙해지기 전에는 빨리 읽지 말아요. 그리고 그 리듬에 맞춰 춤을 추기 시작해요.[70] 시의 리듬에서 움직임의 자유를 발견하고 역동적으로 춤을 추어요. 그 움직임

---

[69] 음악에서는 Moderato, Largo, Presto 등 곡을 연주하는 기본 빠르기가 있는데 이는 곡의 모든 마디를 지배한다. 그러나 동일한 빠르기의 곡이라 해도 한 마디 안에 긴 박이 많은가 짧은 박이 많은가 하는 것은 곡의 템포감을 다르게 만든다. 즉, 16분음표가 가득한 마디를 연주할 때 곡은 빠른 느낌을 주고, 4분음표나 2분음표로 채워진 마디를 연주할 때 곡은 느려진 느낌을 준다. 이처럼 시를 읽을 때, 음악을 연주하듯 각 행의 시간을 엄격히 지키는 연습을 해보면 이를 통해 리듬감을 증대시키고, 리듬이 일으키는 의미에 대한 감수성을 키울 수 있다.

[70] 영어는 운율 인자로 강세를 사용하기 때문에 강세가 있는 음절을 강박, 강세가 없는 음절을 약박으로 생각하면 규칙적인 리듬을 쉽게 찾을 수 있고, 그 강약에 맞춰 움직이면 그게 곧 춤이 된다. 하지만 우리말에서는 강세가 문법 사항이 아니기 때문에 이를 그대로 적용하기에는 맹점이 있다.

을 온몸으로 느끼며 그 움직임 안에서 정확하세요. 이 연습을 위해 좀 큰 공간이 필요할 건데, 말과 움직임에서 부유감buoyancy을 느낄 때까지 계속 춤을 추어요. 발음을 정확히 유지하세요. 이를 몇 분 해보면 박자를 지키며 움직이는 것이 모든 종류의 리듬 변화를 알게 해줄 거예요: 당김음을 쓰고, 음절이 길어지고, 억양이 갑자기 변하고, 그러면 목소리가 자유로워질 거예요. 리듬을 충분히 탐구했다고 느낄 때 가만히 서서 시를 말해요. 이디스 시트웰Edith Sitwell의 『정면』Facade Suite에 있는 모든 시가 이 목적에 꽤 부합한데, 이들은 소리에 대한 자각awareness을 요구하죠. 여기에 제가 제시한 드라이든의 시는 논리적으로 진행된다는 점이 달라요. 드라이든의 시를 읽을 때에는

i. 리듬 안에서 움직여요.

ii. 타이밍을 엄격히 지켜요.

iii. 말을 정확하게 해요. 왜냐하면 그 안에 위트가 담겨 있어요.

iv. 이야기story를 말해요.

이 시에서 여러분은 '언어가 자기 일을 한다는 것'words doing their own work에 대해 많은 걸 배우게 될 거예요.71

아래의 김소월 시는 모음과 자음의 균형, 그리고 그 안에 깃든 음악을 듣기에 아주 좋은 텍스트예요. 아주 조용히 몇 줄을 읽어봐요. 처음엔 모음만

---

71 드라이든과 시트웰의 시를 사용한 이 연습을 우리 시로 대체하지 못하였기 때문에 여기에서는 시실리 베리의 원문을 그대로 옮겼다.

그러나 이 방법들을 시 하나에 다 적용할 수 있는 그런 시를 찾는 것이 어렵다는 이야기일 뿐 각 훈련을 개별적으로 적용하는 것은 충분히 가능하다. 예를 들어 ① 각 행의 시간을 지키며 시를 읽고, ② 움직임에서 부유감을 느끼며 시를 하고, ③ 자유롭게 움직이며 시를 말하는 것이다. 이 연습들은 개별적으로 해볼 가치가 충분하고, 무엇보다 언어가 자기 일을 한다는 개념을 이해하는 데 큰 도움을 준다.

말하고, 그다음엔 자음만 말해요. 그리고 각 음절의 정확한 움직임을 들으며 자음과 모음을 함께 말해요. 그러고 난 뒤 의미를 생각하며, 리듬을 들으며, 시를 말해요. 각 행의 음절 수가 어떻게 정확히 같은지, 그 움직임이 어떻게 다른지 주목해 보세요. 정형률[72]을 잘 지키는 연 또한 그 움직임이 달라요. 그리고 글자 수가 바뀌는 행은 그로 인해 일어나는 긴장과, 다른 움직임이 있어요. 그 소리들은 의미의 한 차원을 담고 있어요.

진달래 꽃, 김소월

나보기가 역겨워
가실 때에는
말 없이 고히 보내 드리우리다

영변寧邊에 약산藥山
진달래꽃
아름 따다 가실 길에 뿌리오리다

가시는 걸음걸음
놓인 그 꽃을
사뿐히 즈려 밟고 가시옵소서

나 보기가 역겨워
가실 때에는
죽어도 아니 눈물 흘리우리다

---

72 진달래 꽃은 7.5조의 음수율을 갖는 정형시이다.

4 총체적인 소리
The Whole Voice

지금까지 저는 호흡과 말하기의 메커니즘을 분리해 작업함으로써 목소리를 자유롭고 유연하게 하는 기술적인 수단들을 다뤘어요. 이제 이를 하나로 통합해 목소리가 유기적으로 일하게 하는 방법―그 모든 음역과 질감을 얻기 위해 목소리를 확장하는 방법―을 찾아야 해요.

저는, 우선, 이 훈련이 여러분을 '기술적으로 더욱 정교하게 만드는 것'[73] 에 목표를 두지 않는다는 점을 밝혀야 해요. 이는 여러분의 목소리를 자유롭게 해 여러분의 목소리가 '순간의 본능'에 반응할 수 있도록 하려는 것이에요. 왜냐하면 아무리 열린 태도로 작업한다고 해도 여러분의 소리 내는 방법과 공명의 폭과 경험이 다양하지 않다면 목소리 반응은 제한적일 수밖에 없어요. 목소리는 소리 낼 수 있는 범위 안에서만 반응할 수 있어요.

훈련마다 배우들은 다른 단계에 있을 거예요. 그러나 누구와 경쟁할 게

---

[73] 기술적으로 더욱 정교해지는 것의 예: 단번에 하이 C 음역으로 올라가 그 음역에서 자유롭게 말하기, 1초에 10음절 이상 말하기, 초고속으로 텅 트위스터(발음 훈련 문장) 하기 등등.

아니기 때문에 그건 문제 되지 않아요. 어떤 배우는 말의 능력과 자유에 특히 집중해야 하거나, 공명과 소리를 깊게 열어야 할 거예요. 또 어떤 배우는 자신을 유연하고 민첩하게 해줄 훈련이 필요하고요. 자기 단계에 맞게 각자 목표를 갖고 있다는 걸 이해하는 건 흥미로워요. 하지만 또 하나 중요한 건, 훈련할 때 여러분에게 어떤 일이 일어나고 있는지 주목하라는 거예요. 다시 말해, 기계적으로 훈련하지 마세요. 여러분 내면의 일부는 언제나 훈련 중에 일어나는 일에 주의를 기울여야 하고, 그렇게 여러분의 자각을 키워가야 해요.

훈련을 해보면, 여러분의 동기motivation가 균형을 잃을 때 여러분이 실수한다는 걸 발견할 거예요. 그래서 자각과 자기 관찰이 중요한데 여기 몇 가지 예가 있어요:

1. 만약 발음이 선명하지 않다면 이를 훈련으로 바로 잡을 수 있어요. 그러나 이건 배우의 생각이 정확하지 않거나, 대사의 생각을 그 언어the word에 담지 못하는 것이 원인일 수 있어요. 혹은 일반적인 감정으로 연기하기 때문일 수 있고요.
2. 파열음이 지나치게 강하거나, 너무 강조해서 말하면 자기 대사 전달 능력을 신뢰하지 못하는 것일 수 있어요. 그러기 때문에 대사를 강요하고 설명해야 하는 거예요. 말을 지나치게 강조하면 의미의 다양성을 가로막아요.
3. 어미를 떨어뜨리거나 말 끝머리를 흐리는 건 기술적인 훈련으로 해결할 수 있어요. 하지만 이건 배우가 자기 생각을 끝까지 유지하지 못할 때도 생겨요. 즉, 한 생각에서 다음 생각으로 급하게 이동해 생각이 마음속으로 내려앉을 시간을 주지 않는 거죠. 이 역시 신뢰가 부족한 거예요.
4. 턱이 뻣뻣하고, 입술을 잘 안 움직이는 건 부분적으로 습관이고, 본인의 말하기 방식이에요. 하지만 이건 소통을 주저하는 것과도 관계가 있어요.

5. '모음을 충분히 소리 내지 않는 것'은, 부분적으로는, 모음의 음악과 모음의 다양한 길이를 들을 수 있는 능력이 부족하기 때문이에요. 그러나 자신을, 전적으로, 감정에 맡기지 않으려는 태도와 감정을 밖으로 드러내는 것을 두려워하는 데에도 원인이 있어요. 이것이 때로는, 대사가 노래일 필요가 있는 곳에서 말을 논리적인 수준으로 내려가게 해요.

6. 기식음breathiness을 쓰고 있거나 유성음을 무성음화하는 건 여러분이 호흡을 급격하게 내뱉는다는 뜻인데 상대를 기쁘게 해야 한다는 근심에서 나와요. 배우는 힘의 저장고reserve of strength를 유지해야 해요. 왜냐하면 배우는 오직 그 순간에 '무방비 상태'vulnerable[74]가 될 수 있을 뿐이에요.

7. '공명이 지나치거나'[75], '말에서 공명의 균형을 유지하지 못하거나'[76], '정서적인 톤'[77]을 쓴다면, 이건 어떤 면에서는 정서에 대한 유기적인 이유를 따르기보다 일반화된 감정에 더 의존한다는 뜻이에요.

따라서 자기 진단이 중요해요. 남의 비평에 귀 기울이고 그 말을 분석하세요. 왜냐하면 여러분은 자기가 소통한 내용을 정확하게 판단해줄 외부의 귀가 필요해요. 흥미롭게도, 여러분은 도움이 되는 비평과 버려도 되는 비평을 구별할 수 있어요. 외부의 조언을 듣다 보면 자신에 대한 판단이 점점 더 정확해져요.

---

74 '이렇게 반응하면 나를 너무 속물로 보지 않을까?' '이렇게 울면 날 약한 사람으로 보지 않을까?' 등등 이런 류의 두려움은 배우로 하여금 자신을 숨기고 거짓된 연기, 꾸미는 연기를 하게 만들기도 한다. 이를 극복하기 위해, 배우는 저 위험한 상황에 아무런 대비 없이 들어가 두려움 없이 그 위험을 끌어안을 수 있어야 하는데, 이를 무방비 상태vulnerable라고 말한다. 진실한 연기를 하기 위한 매우 중요한 덕목이다.

75 두성 비중이 높은 것도 포함하나 특정 톤이 도드라지는 걸 의미한다.

76 이 경우 말이 아니라 낭송처럼 들린다. 혹은 목에 힘을 주는 것처럼 들릴 수도 있다.

77 모호한 감정으로 대사를 채색한 목소리.

훈련에 얼마의 시간을 써야 하는지는 배우마다 너무 달라요. 훈련으로 얼마나 성취할 수 있느냐도 마찬가지예요. '절대 반지' 같은 '절대 훈련'은 없어요. 훈련에 대한 더 깊은 이해에서 나오는 '목소리에 대한 좋은 태도'가 있을 뿐이에요. 우선적으로 할 일은 이 연습들을 정확하게, 쉽게 할 수 있는 단계에 도달하는 거예요. 그러나 제가 중요하다고 생각하는 건 여러분이 어느 수준에 있든지 연습 훈련에 집착하지 않는 거예요. 왜냐하면 이건 도구이니까요. 여러분의 목소리는 훈련 중에는, 이 연습을 한 뒤 이를 잊어버리고 목소리를 창조적으로 사용하고 있을 때만큼 좋아지지 않을 거예요. 처음부터 텍스트를 사용해야 해요. 목소리를 확장해 줄 수 있고, 또한 반복해서 사용할 때마다 다른 걸 발견할 수 있게 해주는 그런 텍스트. 제가 이 책에 텍스트를 포함한 것도 바로 이 때문이에요. 여러분은 각 텍스트마다 특정한 기술을 요구한다는 걸, 그리고 여러분 스스로 더 많은 것을 발견할 수 있도록 인도할 것이란 걸 알게 될 거예요.

'텍스트 말하기'까지 진행하는 게 중요해요. 왜냐하면 호흡과 근육성 연습에서 발견한 그 자유가 텍스트 말하기를 통해 나와야 하기 때문이에요. 이 자각을 말하기로 연결해야 해요. 그래서 여러분이 말을 할 때, 여러분의 초점이 기술적인 능력에서 서서히 의미에 대한 해석으로 옮겨 가야 해요. 소리가 자유로워질 때까지 여러분은 '호흡'[78]과 '노래 부르기'[79]에서 무엇이든 여러분에게 효과가 있는 걸 해야 해요.

---

[78] 2장의 이완과 호흡에 나오는 다양한 호흡 연습을 모두 가리키는데 그 외에 자신이 알고 있는 다른 좋은 호흡 연습을 포함할 수 있다.

[79] 모음 노래하기, 찬팅, 레치타티브 등 앞장에서 제시한 음을 사용해서 하는 모든 연습.

연습할 때는 이 순서를 따라가세요:

1. 호흡 연습을 텍스트 연습에 일부러 집어 넣어요—즉 갈비뼈를 열어주고, 소리를 횡격막에 연결해요. 호흡이 중심으로 내려가고 거기에서 소리가 튀어나오는 걸 느낄 때에만 목소리가 당신의 생각과 감정을 반영한다는 건 아무리 자주 얘기해도 지나치지 않아요.

2. 텍스트의 한 부분을 말하는데, 자음과 모음의 근육 움직임과 한 소리에서 다른 소리로 이어지는 움직임을 더 크게 사용해요. 본 프랍을 끼고 할 수도, 빼고 할 수도 있는데 턱은 항상 자유로워야 해요.

3. 텍스트의 한 부분을 찬팅하듯 한 음으로 노래하거나, 자기만의 곡조를 붙여 레치타티브[80]처럼 불러보는 것도 굉장한 효과가 있어요. 텍스트의 의미가 노래의 프레이즈를 지배하게 하고 소리를 길게 늘여 많은 호흡을 쓰세요. 그리고 다시 텍스트 말하기를 하는데 여전히 말의 프레이즈를 늘리고, 음역을 상당히 넓게 써요. 이렇게 하고 나면 힘과 자유를 많이 느낄 거예요. 이는 또한 텍스트의 리듬 변화에 대해서도 알게 해요.

4. 여러 다양한 음에서 허밍을 해요. 높은음, 중간 음, 낮은음. 처음에는 머리에 손을 얹어 두개골에서, 그다음엔 손으로 얼굴을 덮어 부비강과 얼굴뼈에서 공명을 활성화하고 느껴요. 서둘지 말고 여유 있게 진행하고, 호흡이 소리를 지지하게 해요. 허밍을 하면서 걷거나 뛰는 것도 좋아요. 그리고 난 뒤 유성 자음 [v], [z], [ð][81]를 소리 내며 얼굴 앞쪽에서 공명을 확인해요. 이 공명을 느끼며 텍스트를 말해요. 그러나 목소리의 공명이 말에 모이도록 해 목소리에 두성음이 지나치게 실리지 않도록 하세요.

---

[80] 랩으로 해보는 것도 좋다.

[81] 유음과 비음을 제외하면 우리말에는 계속 진동 자음이 없다. 톤 에너지를 열어주는 연습으로 생각하고 시도해 보면 좋다.

5. 많은 호흡이 목소리를 지지하게 하고 텍스트를 크게 말해요. 텍스트의 한 부분에서 자신의 평소 음역보다 훨씬 높은 음으로 기본음을 올려서 말해요. 그러나 소리는 여전히 중심에 연결되어야 해요. 음을 높인 뒤에 서서히 자연스러운 음높이로 내려와 보통의 베이스 음에서 마무리하는데 억양에는 여전히 높은음이 포함되어야 해요. 대부분의 사람들이 억양 사용에 둔해요. 부분적인 이유는 음역을 넓게 쓰는 것이 잘못된 것이라고 느끼기 때문인데(습관의 문제, 적절하냐는 의문), 아마 자기의 높은음이 그렇게 좋지 않다고 느낄 거예요. 그러나 풍부하고 강한 저음을 가진 사람이 말할 때 높은음을 자유롭게 쓰는 걸 듣는 건 신나는 일이에요. 이 연습은, 하고 난 다음 자기의 평소 중간 음역대로 돌아왔을 때 목소리를 자유롭게 해주는 효과가 있어요. 저음이 더 매력적이라는 건 저는 오해라고 생각해요. 자기 얘기에 푹 빠져서 말하는 배우들의 얘기를 들어보면 놀라울 만큼 억양을 잘 쓰는데, 매우 자연스럽게 들려요. 그런데 인쇄된 대본으로 돌아오면 이 음역의 자유가 사라지죠. 따라서, 여러분은 어떤 음에서도 그리고 어떤 해석에서도 반응할 수 있다고 느끼는 수준까지 갈 필요가 있어요. 이 연습을 사용해서 여러분의 음역을 실험하고, 더 많은 음과 친숙해지세요.

5. 좋은 호흡 자세에서 양손을 옆쪽 갈비뼈에
   두었다. 몸의 나머지는 이완되었다.

6. 시실리 베리가 양손을 등 쪽 갈비뼈에 두며
   린Lynn에게 갈비뼈 움직임이 가장 잘 일어
   나는 곳을 알려주고 있다.

7. 손을 머리 위로 뻗어 스윙할 준비를 하고 있다.

8. 아래로 스윙해서 몸을 앞으로 떨구고 이완한다.
   머리와 어깨를 완전히 놓아 무겁다.

6. 여러분의 억양을 들어보고 만족스러운지 확인해요. 가끔씩 우리가 마이너 톤minor tone이라고 부르는 걸 쓰는 사람들이 있어요. 즉 억양을 다 쓰지 않고 어떤 식으로든 억양 곡선을 중간에 끊어 톤을 반만half tone 내는 거예요. 이건 스스로 인식하기 어렵기 때문에 녹음해서 듣는 것이 도움이 돼요. 꼭 필요한 경우가 아니라면 저는 녹음의 효용성을 믿지 않아요. 대체로 잘못된 방향의 자의식을 갖게 만들 거든요. 하지만 악센트나 억양같이 귀로 듣고 소리를 판단해야 하는 문제라면, 녹음기는 의심의 여지없이 유용해요. 녹음은 머리를 통해 들은 소리와 실제 밖으로 나간 소리 간의 차이를 알게 하고 여러분이 이를 조정할 수 있게 해줘요. 마이너 톤에는 서사적인 대사를 사용해 이야기에 집중해서 말하는 연습이 도움이 돼요. 이런 연습이 배우를 위한 건 아니지만 피치의 더 큰 자유를 경험하게 도와줄 거예요.

저는 훈련의 가장 좋은 재료가 언제나 시라고 느껴 왔어요. 왜냐하면 시는 낭독자에게 고유한 정서를 요구하고, 정서적으로 섬세하지만 매우 고양되어 있어 진실하면서도 커다란 정서를 작업할 수 있도록 도와주기 때문이에요. 여러분이 앞으로 어떤 종류의 연기를 할 것인지와 관계없이 이건 여러분에게 유익해요. 시는 고전 희곡을 주로 연기할 배우뿐 아니라 모든 종류의 희곡을 연기할 배우를 위한 훈련이에요. 핵심은, 계산되어 만들었기 때문에 거짓되게 들리는 억양이 아닌, 대본의 충동을 따라 진실한 억양이 일어나는 걸 발견하는 거예요. 대사를 사용해서 훈련한다고 그게 항상 좋은 훈련이 되지는 않아요. 왜냐하면 대사는 캐릭터 연구와 대본 분석 없이 할 수 없고, 또 대사를 하게 되면 목소리 이외의 다른 이슈들이 그 즉시 중요해지기 때문이에요. 여러분에게 고양될 자유를 주고 깜짝 놀랄 방식으로 반응하게 해주는 건, 시의 형식이에요: 훈련의 틀 안에서 시를 해보는 것은 매우 유익해요. 물론 존 돈John

Donne의 설교나, 제임스 조이스James Joyce의 글, 그리고 웅변처럼 훌륭한 산문도 있어요. 그러나 이 텍스트들은 제한점을 갖고 있어요. 시는 전적으로 직접적인 말이고 낭독자에게 완전히 열려 있어요.

시를 훈련하는 또 다른 본질적인 부분은, 시가 배우로 하여금 말의 길이와 리듬에 대한 자각을 올려줘 의미가 흘러가는 동안 리듬을 지연시키는 방법을 찾게 하고, 그래서 서둘지 않고도 말의 추진력을 유지하는 방법을 알게 해준다는 점이에요. 시는 여러분이 '억양의 큰 굴절과 작은 굴절'82을 분명하게 인식하게 만들고, 여러분이 고양된 언어를 즐기면서 관객이 대사를 이해하기 위해 붙들 논리적 발판을 주는 법을 가르쳐줘요—즉 논리와 서정이 서로 맞물리도록 하죠. <아름다운 처녀 실비아>Sylvia the Fair와 <스카치 랩소디>Scotch Rhapsody로 실험할 때83, 춤 움직임dance movement 때문에 타이밍을 엄격히 지켜야 한다는 사실은 여러분의 목소리를 유연하게 만들었어요: 그게 목소리를 다룰 수 있게 도왔죠.

아래의 텍스트를 사용해 할 수 있는 한 대담하게 실험하세요. 처음에는 연습을 발전시킨다는 생각으로, 그러나 언제나 과장 없이 말하는 지점, 그리고 지금까지 자신이 이해한 것을 바탕으로 해석하는 지점으로 돌아와야 해요. 그때 자유가 나와요. 각 텍스트마다 목소리에 요구하는 고유한 특질이 있으니 이에 대한 가이드로 몇 가지 적어 볼게요.

82　억양이 자연스럽게 흘러가고 있다고 전제해 보면 감정이나 생각의 크기에 따라 억양의 변화 정도는 달라진다. 큰 굴절은 말의 감정과 생각을 따라 크게 변하는 억양이고, 작은 굴절은 그 안에서 세밀하게 변하는 억양이다.

83　3장 끝에서 언급한 드라이든과 시트웰 시의 제목들.

1. 나는 잊고저, 한용운

이 시는 수사법[84]을 훈련하기 좋은 텍스트예요. 이 시에는 화자가 님을 잊기 위해 해온 노력을 말하는 특별한 방식이 있어요. 그 특별한 방식과 주장이, 이 시가 선택한 언어와 리듬을 통해 우리를 그 세계로 끌고 가요. 만약 이것이 일상적인 언어나 산문 리듬을 통해 서술됐다면, 우리가 '잊히지 않는 생각보다 잊고저 하는 그것이 얼마나 더 괴로운지', 이렇게 직접적으로 경험할 수 있을까요? 우리는 이 시를 통해 시의 형식은 우리를 그 세계로 인도하는 안내자임을, 우리를 도와주기 위해 거기 있음을 알게 돼요.

여기에 1926년 발표된 <나는 잊고저> 원문을 최대한 살린 판본을 실었어요. 어미와 조사가 생소하겠지만 소리 내어 읽다 보면 의미는 쉽게 연상될 거예요. 우선 소리 내어 읽어보며 말의 뜻을 확인하세요. 언어를 충분히 익혔다면 이 시를 한 호흡에 한 문장씩 말해요. 참고로 1연은 두 문장으로, 2연은 세 문장으로 되어 있어요. 한 호흡에 할 분량이 많아져도 급하게 말하지 마세요. 언제나 호흡을 깊이 마셔 중심에 연결하고, 시를 말하는 과정 중에 생각을 받아들이고, 언제나 말에 머물러야 해요. 그래야 이 시의 소리가 언어에 담긴 수사 구조와 함께 여러분을 그 세계로 끌고 가요.

이 시는 소리 내기가 수월해요. 시인이 그렇게 썼으니까요. 여러분은 2연의 세 행짜리 문장을 한 호흡에 말하는 것이 어렵지 않다는 걸 알게 될 거예요. 다만 4연의 네 행짜리 첫 문장은 버거울 수 있는데 만약 부담이 된다면 이는 둘로 나눌 수 있어요. 이 시의 리듬은 소리에서 나와요. 그러나 그 소리는 언어에 담긴 생각을 흡수할 때 여러분을 그 세계로 인도해요.

84　남을 설득하기 위한 기술.

남들은 님을 생각한다지만
나는 님을 잇고저 하야요

  이 첫 생각이 마음 가운데 깊이 뿌리내릴 수 있도록, 첫 문장을 말하고 난 다음에는 다음 행으로 바로 달려가지 말고 시간을 더 써서 그 생각에 더 머물러요.

2. 밤바다에서, 박재삼[85]
  이 시에서 훈련은 언어의 공감각적 심상에 거하는 것 그리고 리듬을 듣는 데 있어요. 시를 말할 때 서두르지 말고, 각 언어가 갖는 이미지image를 마음의 눈으로 상상하며 시의 진행을 따라 발전하는 심상imagery들을 오감으로 상상해 보세요. 가령, "골목을 빠져나와 바닷가에 서자" 같은 경우 골목을 도망치듯 빠져나올 때 내 몸에 부딪히는 공기를, 바닷가에 섰을 때 나는 바다 내음과 파도 소리를, 후각, 청각, 촉각, 미각, 시각을 사용하여 공감각적으로 상상해봐요. 상상에 시간을 쓰다 시의 흐름이 좀 깨져도 괜찮으니 시간을 충분히 써서 심상들을 오감으로 경험하세요.
  운율 움직임과 리듬은 이 시에서 큰 부분을 차지해요. 이를 듣기 위해 처음에는 한 호흡에 한 줄씩 말해요. 중간에 긴 행들은 한 호흡에 하는 게 버거울 텐데 그땐 중간에 호흡을 마셔도 돼요. 그러나 그러더라도 생각의 흐름을 놓치지 않도록 주의를 기울여야 해요. 그래야 그 리듬을 놓치지 않아요. 참고로, 1연 2행의 '심심하다'는 '마음이 매우 깊고 간절하다'는 뜻이에요. 처음부터 이 말을 정확히 이해할 필요가 있어요.

---

85 저작권 문제로 <밤바다에서>를 싣지 못하였는데 시를 구하기가 어렵지 않으니 꼭 해 보길 추천합니다.

3. 빼앗긴 들에도 봄은 오는가, 이상화

이 시의 언어들은 근육적이고 이미지로 가득해요. 시의 내용은 몽환적이고 따뜻하지만, 빼앗긴 들의 봄을 말하는 시인의 방식은 역설적이죠. 따라서 이 시가 요구하는 것은 분명해요. 우선 그 이미지들에 대해 민감해질 필요가 있어요. 왜냐하면 거의 모든 단어가 그림을 담고 있거든요. 비장미 있는 목소리로 이 시를 낭송하려는 유혹에 넘어가지 말아요. 이 시는 언어를 처리하는 탁월한 솜씨를 요구하지만 비장미 있는 톤이 그 특별한 목적에 답을 주지는 않아요. 어떤 경우에도 여러분은 대사의 음악성에 영향을 받을 거예요. 따라서 할 수 있는 한 언어에 대해 최대한 정확해지세요. 왜냐하면 그렇게 할 때 빼앗긴 들의 아이러니가 여러분을 덮칠 거예요.

근육성은 이 시의 의미에 있어 중요한 부분이에요. 파열음 된소리를 준비하기 위해 압력과 시간을 더 쓰는 것이 다른 예사 소리와 대비를 주며 이 시에서 긴장을 일으키는데 이게 의미의 한 부분이 돼요. 이 시에는 이런 대비들이 많고 그 방식도 다양한데 이것이 시를 입체적으로 만드는 요인이 되어요. 그러나 이런 시를 연습할 때는 '이렇게 소리 내야 해' 하는 생각으로 발음을 만드는 데 주의를 기울이지 말아야 해요. 자음과 모음의 근육 움직임을 따라가고 언어를 듣는 것이 더 중요해요.

4. 멀리 있는 무덤, 김영태 [86]

김영태의 이 시는, 절친 김수영 시인의 제일祭日에 그의 무덤을 찾지 못하는 애달픔을 담고 있어요. 김영태 시인은 홍대 미대 출신의 화가 겸 시인이에요. 본인의 시집 표지를 직접 그리는 것으로도 잘 알려져 있죠. 누이를 통해 자기 시집 『객초』를 보내는데, 객초는 '손님에게 대접하기 위한 담배'를

---

[86] 저작권 문제로 <멀리 있는 무덤>을 싣지 못하였는데 시를 구하기가 어렵지 않으니 꼭 해보길 추천합니다.

뜻해요. 만약 여러분이 김수영 시인의 삶에 대해 조금 알아보고, 그의 시 몇 편을 소리 내어 읽어본다면 이 시는 여러분에게 더 깊은 경험을 줄 거예요. 인터넷에서 『객초』의 표지 그림을 검색해보는 것도 좋아요.

이 시는 친구에 대한 그리움을 절제하듯 담담하게 말하며 시작해요. 하지만 -지, -든, -우의 각운과, 시가 전개되며 일어나는 리듬 변화는 고인을 기리지만 어찌할 수 없는 한과 설움의 세계로 우리를 인도해요. 정형률을 사용하는 운문과 달리 이 시의 리듬은 눈으로 보이지 않아요. 하지만 여러분은 감정을 절제하는 곳에서 사용되는 산문 리듬과, 누를 수 없는 감정이 올라오는 곳의 운문 리듬에, 설령 이를 구별할 수 없다 해도 듣고 끌려갈 수밖에 없게 돼요. 리듬의 단위가 어떻게 바뀌고, 리듬 안에서 운율 움직임이 어떻게 바뀌는지는 김수영 시인에 대한 화자의 마음과 관계 깊어요. 예를 들어, 중간부에서 절친과 농담을 주고받듯, 장난치듯 분위기를 바꾸었어도 -지, -야, -든의 각운은 고인에 대한 그리움을 담고, 화자의 기분을 유쾌하게 만드는 -우의 각운은 결국 친구에 대한 짙은 그리움에 젖게 해요. 이 시에는 죽은 친구에 대한 애틋한 그리움으로 우리를 인도하는 리듬이 있어요. 매우 뛰어나 어느 순간 배우를 깜짝 놀라게 해요. 그러나 그 리듬은 언어의 이미지와 이미지의 연상과도 깊이 연결돼요. 이를 다 들어야 해요. 이 시의 위대함은 그게 어렵지 않다는 거예요. 이 시는 여러분을 그 세계로 인도할 거예요.

5. 봄이 오면 산에 들에, 최용훈

이 대사는 배우에게 뛰어난 호흡 조절 능력을 요구해요. 그러나 이를 돕기 위해 작가는 대사를 시의 행을 구별하듯 제시하는데, 이 형식 덕분에 우리는 이 언어들이 우리를 어디까지 끌고 가는지 쉽게 들을 수 있어요. 이 대사에서 한 줄은 한 문장의 한 구phrase예요. 먼저 한 호흡에 한 줄씩 말하며 각구에 담긴 이미지와 리듬에 친숙해지세요. 각 구에 친숙해질수록 여러분은 그이미지에 정확히 거할 수 있고, 어떻게 한 이미지가 다음 이미지로 인도하는지 듣게 될 거예요. 여기에는 발견되어야 할 이야기가 있어요. 그게 나와야하고 완전히 명확해야 해요. 따라서 그 이미지들이 자기에게 영향을 미치도록허락하세요. 다시 말해, 여러분은 독특한 분위기를 담고 있는 저 흥미로운 이미지들이 이야기를 끌어가도록 해야 해요. 괴기스럽게 연기하려 들지 말아요. ─사실 괴기한 이야기죠. 그러나 여러분이 그렇게 할 수 있도록 언어가 도와줄 거예요. 대사 중에 배우는 달내, 이야기꾼, 아낙네, 소금 장수 4명의 인물을 넘나들어야 해요. 그러나 목소리를 바꾸기보다는 말하는 입장을 바꾸세요. 우선은 언어를 듣는 게 더 중요하니까요. 하지만 연기를 위한 제스처나 몸짓사용에는 조금도 주저할 필요가 없어요. 이미지가 몸에 익었다면 한 번에 하는 대사의 단위를 더 늘려요. 말하는 대사의 양이 늘어도 언어의 이미지와 생각을 여전히 선명하게 유지해야 해요. 이 대사에는 구에서 구로 넘어갈 때 구의 끝에서 짧게 더 머물러야 할 곳들이 있어요. 또한 언제나 호흡의 모자람없이 대사가 매끄럽게 흘러가야 하고요. 따라서 한 호흡에 너무 많이 말하려들지 말아요. 이 대사는 할머니에 대한 사랑과 그리움을 담고 있어요. 이 그리움은 언어를 정확히 들을 때 발견돼요.

6. 오우가

시조의 고양하는 힘은 시조 고유의 유장한 리듬과 생체리듬을 합한 자연적인 호흡에 바탕을 둬요.[87] 이것이 운문 말하기를 매우 좋은 호흡 훈련으로 만들어요. 왜냐하면 좋은 운문을 소리 내어 말해 보면서 우리는 감정과 생각을 고양하는 운율의 힘을 깊이 경험할 수 있거든요. 그런 의미에서 이 시조는 뛰어난 텍스트예요. 여기에 <오우가>를 현대어본이 아닌 고어본으로 수록하였어요. 낱말의 뜻을 찾아봐야 하는 어려움은 있지만 이를 극복할 수 있다면 고문이 주는 장점은 굉장해요. 우선 고문은 현대어의 관습과 다르게 쓰여 있고, 현대에 안 쓰는 말이 많죠. 이것이 언어를 예측하는 습관을 깨뜨려 배우로 하여금 언어를 당연하게 보지 않는 습관을 길러줘요. 또 입에 익지 않은 자음, 모음 조합을 사용하기 때문에 조음 근육의 민감성과 운동성을 올려주죠. 그러나 무엇보다 중요한 건 일상에서 쓰지 않는 말로 율격을 사용하기 때문에, 배우들이 고양된 감정을 소통하는 것에 대해 자의식을 갖지 않게 해요. 이를 과잉 감정을 큰 목소리로 말하게 된다는 말로 오해하지 않길 바라요. 텍스트마다 그렇게 선택된 언어에 담긴 특별한 내용은 특별한 목소리를 요구하는데, 그걸 자유롭게 할 수 있도록 준비해준다는 의미이니까요.

이 시조는 거의 모든 단어들이 이미지를 갖고 있기 때문에 이미지에 대한 훈련으로도 매우 뛰어나요. 시를 말하며 각 심상 안에 거하고, 그 심상 안에 구체적으로 거하기 전엔 결코 다음 심상으로 넘어가지 말아요. 매 두 음보[88]마다 호흡하며 시를 해보면 어렵지 않을 거예요. 시조로 훈련할 때 특히

---

87 이지엽, 『현대시조 창작강의』, 고요아침, 13쪽 참조.

88 시조는 초장, 중장, 종장의 3장으로 구성되고, 각 장은 2개의 구, 각 구는 2개의 음보로 되어 있다. 정몽주의 시조 "이 몸이 죽고 죽어"의 중장 "백골이 진토되어 넋이라도 있고 없고"를 예로 들면 중장에서 두 구는 "백골이 진토되어", "넋이라도 있고 없고"이고, 음보는 "백골이 / 진토되어"와 "넋이라도 / 있고 없고"이다. 시조의 음수율은 각 음보의 글자 수를 의미하는데, 이 시조의 중장의 경우 34/44조이다.

주의할 점은 빠르게 말하지 않는 거예요. 흡사 조선시대 양반이 된 것처럼 여유롭고 차분하게 말해요. 처음에는 각 구마다, 그렇게 해서 심상에 익숙해진 다음에는 각 장마다 호흡해요. 이 시조에서 종장은 변칙이 많아요. 글자 수도 그렇고, 리듬도 그렇고, 초장, 중장과 비교하면 사뭇 달라요. 이로 인해 말이 흐려지며 의미도 흐려지기 쉬운데, 그렇게 되지 않도록 매 음보마다 충분한 호흡을 사용해서 의미에 거하세요. 매 종장에서 글자 수가 늘어나지만 템포는 오히려 더 여유로워야 해요. 그래야 언어의 생각이 깊이 뿌리내려 각 수[89]를 마무리하고 다음 수로 넘어갈 동력을 얻을 수 있어요. 다시 말해, 매 수마다 친구들이 주는 기쁨이 있어요. 그 다양한 기쁨이 이 시조의 즐거움인데 매 종장에서 그 기쁨들이 발견되어야 해요.

---

89 초장, 중장, 종장의 세 장으로 시조의 한 수가 매듭지어지는데, <오우가>는 총 6수로 이루어진 연시조이다.

나는 잇고저, 한용운

남들은 님을 생각한다지만
나는 님을 잇고저 하야요
잇고저 할수록 생각히기로
행여 잇칠가하고 생각하야 보았습니다

이즈랴면 생각히고
생각하면 잇치지 아니하니
잇도 말고 생각도 마러볼까요
잇든지 생각든지 내 버려두어볼까요
그러나 그리도 아니되고
끊임없는 생각생각에 님뿐인데 엇지하야요

귀태여 이즈랴면
이즐 수가 엄는 것은 아니지만
잠과 주검뿐이기로
님 두고는 못하야요

아아 잇치지 안는 생각보다
잇고저하는 그것이 더욱 괴롭습니다

잇고저: 잇고저   잇칠가: 잊힐까
이즈랴면: 잊으려면   잇치지 안는: 잊히지 않는

빼앗긴 들에도 봄은 오는가, 이상화

지금은 남의 땅 ─ 빼앗긴 들에도 봄은 오는가?

나는 온 몸에 햇살을 받고,
푸른 하늘 푸른 들이 맞붙은 곳으로,
가르마 같은 논길을 따라 꿈속을 가듯 걸어만 간다.

입술을 다문 하늘아, 들아,
내 맘에는 나 혼자 온 것 같지를 않구나!
네가 끌었느냐, 누가 부르더냐, 답답워라, 말을 해 다오.

바람은 내 귀에 속삭이며,
한 자욱도 섰지 마라, 옷자락을 흔들고
종다리는 울타리 너머 아씨같이 구름 뒤에서 반갑다 웃네.

고맙게 잘 자란 보리밭아,
간밤 자정이 넘어 내리던 고운 비로
너는 삼단 같은 머리를 감았구나. 내 머리조차 가뿐하다.

혼자라도 가쁘게나 가자.
마른 논을 안고 도는 착한 도랑이
젖먹이 달래는 노래를 하고, 제 혼자 어깨춤만 추고 가네.

나비, 제비야, 깝치지 마라.

맨드라미, 들마꽃에도 인사를 해야지.
아주까리기름을 바른 이가 지심 매던 그 들이라 다 보고 싶다.

내 손에 호미를 쥐어 다오
살진 젖가슴과 같은 부드러운 이 흙을
발목이 시도록 밟아도 보고, 좋은 땀을 흘리고 싶다.

강가에 나온 아이와 같이,
짬도 모르고 끝도 없이 닫는 내 혼아,
무엇을 찾느냐, 어디로 가느냐, 웃어웁다, 답을 하려무나.

나는 온몸에 풋내를 띠고,
푸른 웃음, 푸른 설움이 어우러진 사이로,
다리를 절며 하루를 걷는다. 아마도 봄 신령이 지폈나 보다.

그러나 지금은 - 들을 빼앗겨 봄조차 빼앗기겠네.

봄이 오면 산에 들에, 최인훈 [달내]

참, 어렸을 적에 내가
하도 옛날애기를 해달라고 졸랐더니 소금장사 애기를 해주
셨지. 옛날에 소금장사가 있었는데
길을 가다가 (여기서부터 이야기에 따라 몸짓으로 시늉)
해가 저물어
어떤
냇가까지 왔는데
빨래하던 아낙네를 만나서
어디 자고 갈 데가 없느냐고
물어도
얼굴을 숙이고 (제 얼굴을 숙이면서)
쳐다보지도 않기에
아니 내외를 해도
이런 산골에서
길가는 나그네가
길을 묻는데
그럴 수 있느냐고
핀잔을 줬더니
마지못해 얼굴을 드는데 (제 얼굴을 든다)
눈도 없고
눈썹도 없고
코도 입도
귀도

아무 것도 없는

맨숭 얼굴 (손바닥으로 제 얼굴을 쑥 문댄다)

소금 짐을 내던지고

걸음아 날 살려라

달아나는데

고개 넘어

해는 떨어지고

마침

창호지에 불빛이 비친

우리집 같은

오막살이 하나 (굴을 둘러보며 가리킨다)

너무 반가워

덮어놓고 뛰어드니

젊은 아낙이 일어서면서

웬 사람이냐고

자초지종

이렇구 저렇구

아이구 무서워

걸음아 날 살려라 (뛰는 시늉)

목숨 도망하다 보니

장사 짐도 버리구 왔다고

겨우 숨을 돌리는데 (숨을 돌리며)

저게 당신 짐이냐고

가리키는 구석에

물먹은 소금 짐이 하나 (굴 구석을 가리킨다)

아이구 소리보다 먼저

돌아보는

아낙네 얼굴이

그 달걀귀신 (달내 제 얼굴을 내민다)

...... 내가 하도 무서워했더니 잘못했다고, 잘못했다고 할머

니한테 어릴 적 그 얘기 들었을 때 나도 그리 놀라고서 이

주책 보라고 잘못했다고 그리고 미안해서 개울가로 업고 나가서 가재를

잡아주던....

오우가, 윤선도

내 버디 몇이나 하니 수석水石과 송죽松竹이라.
동산에 달 오르니 긔 더욱 반갑고야.
두어라, 이 다섯 밖에 또 더하여 무엇하리.

구름 빗치 조타 하나 검기를 자로 한다.
바람 소리 맑다 하나 그칠 적이 하노매라.
조코도 그츨 뉘 업기는 믈뿐인가 하노라.

고즌 므스 일로 퓌며셔 쉬이 디고
플은 어이하야 프르는 듯 누르나니
아마도 변티 아닐손 바회뿐인가 하노라.

더우면 곳 퓌고 치우면 닙 디거늘
솔아 너는 얻디 눈서리를 모르는다.
구천九泉에 불휘 고든 줄을 글로 하야 아노라.

나모도 아닌 거시 플도 아닌 거시,
곳기는 뉘 시기며 속은 어이 뷔연는다.
더러코 사시예프르니 그를 됴하하노라.

쟈근 거시 노피 떠셔 만물을 다 비취니
밤듕의 광월光月이 너만 하니 또 잇느냐.
보고도 말 아니 하니 내 벋인가 하노라.

버디: 벗이   빗치: 빛이   조타: 희다

하노매라: 많다   믈: 물   고즌: 꽃은

므스 일로: 무슨 일로   픠다: 피다   디고: 지고

구천: 죽은 뒤 영혼이 가는 곳   불휘: 뿌리   시기며: 시켰으며

더러코: 저렇게

5 시 말하기
Speaking Poetry

제가 지금까지 제시한 텍스트의 대다수가 시여서 여기서 저는 시 말하기에 관한 직접적인 이야기를 한두 가지 하고 싶어요.

지금까지 '시 말하기'를 해 온 목적은 목소리를 자유롭게 하려는 것이에요. 단순히 시를 탐구하며 말해 보는 것으로도 여러분은 시에 대해 많은 걸 배울 수 있어요. 하지만 시가 배우에게 주는 가치는, 여러분이 셰익스피어나 다른 운문 드라마를 하게 될지와 관계없이, 언어와 리듬, 그리고 소리가 일으키는 의미에 대한 감수성을 올려준다는 점이에요. 이런 의미를 꼭 설명할 수 있는 건 아니지만 이는 우리의 논리적인 생각이 갈 수 있는 곳보다 더 깊은 곳까지 도달할 수 있어요. 이런 의미는, 정확한 단어의 선택precise choice of words과 연상association에서 오는 것이에요. (토마스 만Thomas Mann은 연상이 우리 어휘 중에서 가장 중요한 단어라고 했어요.) 언어의 특별함particularness은 배우가 깨달아야 할 가장 핵심적인 것 중 하나예요. 왜냐하면 산문 희곡을 연기하건, 운문 희곡을 연기하건 이것이 배우의 연기에 영향을 미치기 때문이에요.

제 생각에 배우들은, 시에는 뭔가 신비한 것이 있어서 어떤 특별한 방식으로 말해야 한다고 느끼고, 그래서 시와 씨름하는 일tackling poetry에 종종 공포를 느끼는 것 같아요. 만약 그렇게 생각한다면 결과는 둘 중에 하나가 될지 몰라요. 시에 대한 존중이 지나쳐 시적인 목소리로 시를 읽거나, 아니면 시적인 목소리에 저항하기 위해 일부러 시의 형식을 무시하고 논리적인 의미만 추구해 시를 산문처럼 읽는 거죠. 당연히 둘 다 일어날 필요가 없어요. 시를 다루는 일은 형식을 지키는 일과 깨는 일, 그리고 고양된 언어와 일상어 사이의 균형을 찾는 문제예요. 미국 시인 로렌스 펄링게티Lawrence Ferlinghetti는 시인을 극도의 사실주의자super-realist라고 부르는데 만약 여러분이 이 말에 대해 생각해 본다면 그게 열쇠가 될 거예요.

저는 운율과 리듬에 대한 좀 단순한 얘기를 하는 데에서 시작하고 싶어요. 왜냐하면 이걸 오해할 때 염려가 일어나거든요.

앞에서 자음과 모음의 관점에서 보았던 김소월의 시 '진달래 꽃'은 이에 대한 원형적인crude 예예요. 만약 여러분이 이를 다시 살펴본다면 그 시가 1, 3, 4연에서 운율을 잘 지킨다는 걸 발견할 거예요. 2연을 제외하면 모든 연에서 7음절과 5음절이 교차하며 나타나죠. 하지만 시를 소리 내어 읽어보면 정형률을 깬 2연뿐 아니라, 정형률이 반복되는 3, 4연에서도 행의 움직임은 놀랍도록 다양해요.

나보기가 역겨워
가실 때에는
말 없이 고히 보내 드리우리다.

1연은 7.5조의 정형률을 규칙적으로 사용해요. 그러나 이를 두 번 반복할 때 1,2행에서 쓰던 4/3/5의 음수율을 3행에서는 3/4/5로 바꾸는데 이 변화가 우리로 하여금 3행을 주목하게 만들어요.

영변寧邊에 약산藥山
진달래꽃
아름 따다 가실 길에 뿌리오리다

시인은 1연을 통해 우리를 7.5조의 정형률에 길들였는데 2연에서
32/5/445의 완전히 불규칙한 리듬으로 우리에게 긴장을 일으켜요. 게다가 2연
은, 여는 소리 중심의 1연과 달리 닫는 소리를 많이 갖는데, 이로 인해 '영변
의 약산 / 진달래꽃'이 부각되죠. 3행은 모음(ㅏ), 유음(ㄹ), 모음(ㅡ), 비음(ㅁ)
으로 이어지며 순탄한 소리로 시작하지만 된소리 파열음 ㄸ부터 계속 이어지
는 파열음이 소리 내는 일을 결코 쉽지 않게 만들어요. 이것이 '뿌리오리다'에
서 정점을 찍고 해소되는데, 이 소리들이 님을 축복하고 보내는 일은 힘겹지
만 이겨낼 것이란 화자의 결심을 알게 해요.

가시는 걸음걸음
놓인 그 꽃을
사뿐히 즈려 밟고 가시옵소서

3연은 규칙적이에요. 그러나 1연에서 7.5조가 43/5/345로 변주되었던 것
처럼 3연의 7.5조는 34/5/345로 변주되는데, 1연과 다른 이 움직임이 3연을
다른 분위기로 만들어요. 세부적으로 1행은 마찰음 'ㅅ'으로 인해 리드미컬해
지는 전반부와 비음 받침 'ㅁ'으로 테누토90의 효과가 일어나는 후반부가 리
듬으로 대비되어 '걸음걸음'을 주목하게 하고, 2행의 전반부는 비음과 모음으

---

90   음악 용어. 음을 충분히 내라는 표시.

로 인해 소리가 다 이어지는 반면 후반부는 파열음과 파찰음으로 인해 소리가 다 터져 '그 꽃을'이 부각돼요. 3행은 3/4/5 각 음보마다 된소리 파열음이나 파찰음을 하나씩 갖는데, 여기에 입술모음이 섞이면서 소리 내는 것을 어렵게 만들어요. 이는 놓인 꽃을 즈려밟는 모습을 보는 화자의 마음을 대변해요. 그러나 마지막 음보의 '가시옵소서'는 마찰음 ㅅ을 많이 갖고 있어 이것이 소리 내는 일을 수월하게 만들어요. 이는 님께서 쉽게 가시길 바라는 마음이 소리에 담긴 거예요. 다시 말해, 이 시에서 소리는 의미의 한 차원을 담고 있어요.

　　나 보기가 역겨워
　　가실 때에는
　　죽어도 아니 눈물 흘리우리다

　　4연의 1,2행은 1연을 반복하는데 이 익숙한 리듬과 소리로 인해 우리는 호흡을 진정하고 시를 마무리할 준비를 할 수 있어요. 그러나 3행 '죽어도 아니 눈물 흘리우리다'의 소리는 시를 결단코 쉽게 끝내지 못하게 하고, 우리는 이 소리들을 통해 슬픔을 터트리지만 눈물을 흘리지 않으려 의지적으로 극복하는 세계로 끌려가게 돼요. 이 시에서 이별과 관계된 시어들은 된소리를 갖고 있어요. '역겨워', '가실 때에는', '약산', '꽃', '따다', '가실 길에', '뿌리오리다', '사뿐히', '밟고', '가시옵소서.' 이것이 우리가 소리 내기 어렵게 만드는 데 한몫하고 있죠.
　　이건 아주 단순한 예이지만 시에서 일어날 수 있는 일을 잘 설명해요. 여러분이 훨씬 더 현학적이고 섬세하게 쓰인, 다양한 심상과 단어의 연상을 담은, 내재적 리듬이 있고 시인의 기법이 특별한 시를 다루고 있다면 이 모든 것들은 무한한 가능성을 담을 거예요. 그때 여러분은 주의 깊게 들어야 해요. 왜냐하면 텍스트가 담고 있는 것에 귀 기울일 때 여러분이 텍스트의 가능성을 들을 수 있기 때문이에요.

시의 음률을 어떻게 들을지 하는 것은 듣는 이마다 다를 것이고, 또 그래야 해요. 중요한 건 여러분이 말을 이루는 단위measure와 긴장을 정확히 듣는 거예요. 왜냐하면 그게 언제나 열쇠가 되기 때문이에요.

김남주의 <솔직히 말해서 나는>을 소리 내어 읽는 것은 대단한 경험이에요.[91] 왜냐하면 이 시는 배우에게 운율과 리듬이 일으키는 정서와 의미에 대한 감수성을 키워줄 것이기 때문이에요. 이 시의 훈련은 구조를 아는 데 있는데, 시인이 그 언어들에 허락해 놓은 무게, 길이, 음률이 여러분에게 자유를 줄 거예요.

이 시에는 소리 내어 읽을 때 행에서 행으로 연결되는 의미의 효과가 있어요—이것이 이 시에서 다층적인 의미를 일으켜요. 만약 여러분이 그 행의 끝에서 행의 의미를 받아들일 시간을 갖기 위해 시간을 살짝 쓰지 않는다면, 여러분은 행간의 균형을 잃고 그 의미도 놓칠 거예요. 그러면 리듬의 즐거움까지 잃어버릴 텐데 이를 결코 과소평가하면 안 돼요. '모기', '파리', '뱅글뱅글 돌다 스러지고 마는 그 목숨', '가련한 놈', '꽃잎', '피기가 무섭게 싹둑 잘리는' … 이 시는 화자가 자신을 바라보는 방식을 다양하게 바꾸도록 이미지를 계속 제시하고 있어요. 이를 받아들여 그 이미지 안에 거해야 이 시가 여러분에게 영향을 끼쳐요. 이 시에는 또한 일상어를 사용하여 고양된 정서로 옮아가게 하는 소리의 특별한 사용 방식이 있어요. 리듬과 운rhyme, 그리고 어미를 통해 이를 오가는데 여러분은 이에 대해 항상 깨어 있어야 해요.

표면적으로 이 시는 못난 자신에 대한 회한을 말해요. '피기가 무섭게 싹둑 잘리고', '바람에 맞아 갈라지고 터지고', 그러나 운의 반복과 심상imagery의 연상을 통해 이 시는 결국 그 반대의 것을 말하게 해요. '기어코 어둠을

91　저작권 문제로 <솔직히 말해서 나는>을 싣지 못하였는데 구하기 어려운 시가 아니니 꼭 해보길 추천합니다.

사르고 말 불빛'으로, '그 노래'로. 이 시는 이러한 각성을 설교나 훈계가 아닌 리듬과 운율을 통해 일으키는데 이것이 우리를 더 깊은 세계로 끌고 가요.

이 시는 여러분에게 시가 갖는 가장 고결한 가치 중 하나를 알게 해요: 논리적인 설명 없이, 어떻게 소리가 당신을 다른 세계로 끌고 갈 수 있는지에 대한 자각. 왜냐하면 시는 어떤 것도 설명할 필요가 없거든요. 언어와 리듬의 순전한 연상을 통해 시는 무의식적인 이해를 관통할 수 있어요. 언어는 그 자체로 우리에게 반응을 일으켜요.

두 번째로 제시할 윤동주의 시 두 편 <비둘기>와 <별 헤는 밤>은 리듬과 언어 긴장의 관점에서 김남주의 시와 전혀 달라요. <솔직히 말해서 나는>의 경우 정형시가 아님에도 운과 시어의 반복을 통한 율이 있어 그 운율이 의미를 일으킨다면, 윤동주의 이 두 시는 언어의 생각이 일으키는 리듬을 갖고 있어 소리의 관점으로 보면 그렇게 도드라지지 않아요. 그러나 이 리듬이 시에 고양하는 힘을 주기 때문에 그걸 듣는 게 중요해요. 이를 발견한다면 여러분은 의미를 강조하기 위해 힘을 주고 애쓸 필요가 없음을 알게 될 거예요. 그러나 이를 발견하지 못해 의미를 강조하면 여러분은 시가 말하는 걸 놓칠 거예요.

윤동주의 시에 관해서는 다양한 각도에서 많은 이야기를 할 수 있을 거예요. 하지만 제가 여러분이 관심을 기울였으면 하는 것은 그의 시에 귀를 기울여, 언어를 사용하는 그의 방식을 통해, 그의 개인적인 세계로 끌려가는 일이에요. 이런 언어에 익숙해져 잘 사용하게 되는 것이 배우로서 여러분의 감수성을 무척 올려줘요. 그의 모든 시는, 이런 방식에서, 일종의 계시revelation와도 같아요. 만약 여러분이 '나는 이 시를 이렇게 느껴요, 나는 이 시를 분명하게 전해야 해요, 난 이런 단어들을 강조할 거예요, 이 단어들은 이렇게 표현되어야 해요 등등' 하는 식으로 이 시들을 가르치듯 말한다면 여러분은 이 시에 대해 성공적일 수 없어요. 여러분은 텍스트를 가능한 한 잘 이해해야 하고,

자신에게 어떤 부담도 주지 않으며 텍스트가 담고 있는 것을 들어야 해요. 관객에게 시를 말하기 전에, 언제나 자신이 이미지, 소리, 그리고 리듬을 받아들이게 하세요. 그래야 텍스트에 관해 많은 것을 알게 된 후에도 여러분이 텍스트를 항상 새롭게 발견할 수 있어요. 그때 비로소 텍스트는 부담을 주지 않으며 선명해질 것이고 목소리는 활기를 얻어 여러분이 하는 말을 주목하게 만들 거예요.

비둘기, 윤동주

안아보고 싶게 귀여운
산비둘기 일곱 마리
하늘끝까지 보일듯이 맑은 공일날 아침에
벼를 거두어 빤빤한 논에
앞을 다투어 모이를 주으며
어려운 이야기를 주고 받으오

날신한 두나래로 조용한 공기를 흔들어
두 마리가 나오
집에 새끼 생각이 나는 모양이오

별 헤는 밤, 윤동주

계절이 지나가는 하늘에는
가을로 가득 차 있습니다.

나는 아무 걱정도 없이
가을 속의 별들을 다 헤일듯합니다.

가슴속에 하나 둘 새겨지는 별을
이제 다 못 헤는 것은
쉬이 아침이 오는 까닭이오,
내일 밤이 남은 까닭이오,
아직 나의 청춘이 다하지 않은 까닭입니다.

별 하나에 추억과
별 하나에 사랑과
별 하나에 쓸쓸함과
별 하나에 동경과
별 하나에 시와
별 하나에 어머니, 어머니,

어머님, 나는 별 하나에 아름다운 말 한마디씩 불러봅니다. 소학교 때 책상을 같이 했던 아이들의 이름과 패, 경, 옥 이런 이국 소녀들의 이름과, 벌써 아기 어머니 된 계집애들의 이름과 가난한 이웃 사람들의 이름과, 비둘기, 강아지, 토끼, 노새, 노루, 프랑시스 잠, 라이너 마리아 릴케 이런 시인의 이름을 불러 봅니다.

이네들은 너무나 멀리 있습니다.
별이 아슬히 멀 듯이,

어머님,
그리고 당신은 멀리 북간도에 계십니다.

나는 무엇인지 그리워
이 많은 별빛이 내린 언덕 우에
내 이름자를 써 보고,
흙으로 덮어 버리었읍니다.

딴은 밤을 새워 우는 벌레는
부끄러운 이름을 슬퍼하는 까닭입니다.

그러나 겨울이 지나고 나의 별에도 봄이 오면
무덤 위에 파란 잔디가 피어나듯이
내 이름자 묻힌 언덕 우에도
자랑처럼 풀이 무성할 거외다.

다음 시는 정지용의 <구성동>이에요. 구성동은 시인의 상상 속에 있는 마을인데 이 시는 구성동의 면면을 보여주는 여러 심상을 통해 우리를 그 세계로 인도해요. 이 시의 세계는 오직 그 심상들을 신체적으로 경험하는 것을 통해 도달할 수 있어요. 만약 이 시를 이성적인 분석을 통해 접근하려고 들면 이는 매우 어려운 시가 될 수 있어요: 시를 따라가며, 마을 여러 곳의 파편적 조각을 담은 이미지들을, 하나하나 오감으로 상상하며 발견해요. 그렇게 마을을 다니다 보면 이 시가 담고 있는 복합적인 감정들을 발견할 거예요. 각 심상이 담고 있는 신체적 실체를 통해 여러분은 이 마을의 정서를 느낄 수 있고 그 세계로 인도될 수 있어요.

구성동(九城洞), 정지용

골작에는 흔히
유성流星이 묻힌다.

황혼黃昏에
누뤼가 소란히 쌓이기도 하고,

꽃도
귀양 사는 곳,

절터ㅅ드랬는데
바람도 모이지 않고

산 그림자 설핏하면
사슴이 일어나 등을 넘어간다.

다음 시는 김광규의 <희미한 옛 사랑의 그림자>92예요. 이 시는 속물이
되어버린 자신에 대한 반성과, 청춘의 뜨거움을 잃어가는 것에 대한 회한을
다루는 시예요. '4.19 혁명'93이 있던 시절 치열하고 순수하게 미래를 꿈꿨던

---

92 저작권 문제로 <희미한 옛 사랑의 그림자>를 싣지 못하였는데 구하기 어려운 시가
아니니 꼭 해보길 추천합니다.

93 4.19 혁명: 불법적인 개헌을 통해 장기 집권했던 이승만 정권은 1960년 3월 15일 선
거에서 또다시 불법을 자행한다. 이에 마산의 시민과 학생들이 규탄하는 시위를 하였
고 정부의 무력 진압 과정에서 다수의 사상자가 발생한다. 4월 11일 마산 시위에서
실종되었던 고교생 김주열 군이 얼굴에 최루탄이 박힌 시신으로 발견되자 시위는 전

젊은이는 18년이 지나 어느덧 기성세대가 되었는데, 지금 자신을 과거의 모습에 비추어 끊임없이 비교하고 있어요.

언어 사용의 관점으로 볼 때 이 시에는 고양된 언어가 없어요.[94] 여러분이 이 시를 빠르게 훑어봐도 특별한 걸 찾을 수 없을 거예요. 그러나 시의 형식을 존중하며 언어를 들어보면 이 시는 고유한 소리를 갖고 있어요. 이 시에는 일상적 리듬과 시적 리듬이 혼재되어 있는데, 그것이 이 시의 고유한 긴장을 일으키고 화자의 마음과 감정에 들어있는 무엇인가를 드러내는 음률을 알려줘요. 그걸 들을 때 이 평범한 구절들은 놀랍게 변해요. 이 시는 마지막 행까지 내내 센티멘털해 보여요. '무엇인가', '노래' 같은 단어도 배우를 막연한 감상에 젖도록 할 수 있을 거예요. 하지만 만약 여러분이 이 시를 감상적인 시로 생각한다면 관객은 여러분을 통해 이 시에 결코 도달할 수 없어요. 반대로, 이 시를 너무 일상적으로 말하면 여러분은 그 감정을 전달할 수 있는 모든 장치를 잃어버리게 되죠. 따라서 여러분은 언어를 정확하게 들어야 해요. 이 시에는 통렬한 반성이 있어요. 그래서 더욱 비참하게 만들지만 그 비참함은 우리에게 문제의식을 던져요.

5장의 마지막 시는 김소월의 <먼 후일>이에요. 이 시는 334의 음수율을 갖는 정형시예요. 그러나 이 음수율이 무엇을 일으키진 않아요. 예를 들어 <멀리 있는 무덤>이나 <솔직히 말해서 나는> 같은 시는 그 세계로 끌고 가는

국으로 확산된다. 서울에서는 4월 18일 고대생 3천여 명이 국회의사당에서 선언문을 낭독하고 마산 사건 책임자 처단 등을 요구하며 시위를 마치고 귀가하는 길에 정치 깡패들에게 습격을 받아 1명이 죽고 수십 명이 부상당하는 사건이 일어난다. 이에 분노한 학생들은 4월 19일 총궐기에 나서고 이승만 정부는 이를 무력으로 탄압하여 비상 계엄령을 선포한다. 그러나 시위는 점점 더 번져갔고 이승만은 결국 하야하게 된다.

94 이는 김광규 시의 특징이기도 한데, 그런 연유에서 비평가들은 그의 시를 '일상시'라 부르기도 한다(https://www.yna.co.kr/view/AKR20180124179300005).

운율과 리듬이 있어서, 한 호흡에 한 줄씩 시를 소리 내어 읽는 것만으로도 많은 것을 발견할 수 있어요. 그러나 <먼 후일>은 그렇지 않아요. 이 시는 '음보'[95]가 단위가 되어 의미를 하나하나 쌓아갈 때 우리를 그 세계로 끌고 가는 소리를 들을 수 있어요. 물론 이 시에서도 운율은 중요한 요소예요. 하지만 이미지의 충돌이 일어날 수 있도록 시어를 쌓아가지 않는다면 운율이 큰 힘을 발휘하지 못할 거예요. 처음에는 각 음보에 담긴 의미를 하나하나 받아들이며 시를 천천히 말해요. 언어를 듣는 데 자신이 생기면 한 호흡에 한 행씩 말해요. 결코 서둘지 말아요.

먼 후일, 김소월

먼 훗날 당신이 찾으시면
그때에 내 말이 <잊었노라>.

당신이 속으로 나무라면
<무척 그리다가 잊었노라>.

그래도 당신이 나무라면
<믿기지 않아서 잊었노라>.

오늘도 어제도 아니 잊고
먼 훗날 그때에 <잊었노라>.

---

95 <먼 후일>은 각 행이 3음보로 되어 있고, 첫 행은 "먼 훗날", "당신이", "찾으시면"이다.

이 장 첫머리에서 저는 미국 시인 펄링게티가 시인은 극도의 사실주의자라고 한 말을 인용했어요. 저에게는 시와 씨름하는 것이 배우에게는 생명 유지를 위한 필수적인 일로 보여요. 왜냐하면 시를 통해 배우는 고양된 언어나 양식적인 언어(속어와 숙어를 포함해서, 어떤 종류든 멋을 부린 언어들)를 그 신체적 뿌리와 함께 배우기 때문이에요. 아기가 하는 최초의 행동은 비명을 지르는 거예요. 처음에는 호흡을 하기 위해 하지만 그다음에는 자기의 필요를 소통하기 위해 해요. 말speech의 기능은 필요를 소통하는 거예요. 만약 여러분이 시시한 것을 말한다면 중요한 건 시시함이 아니에요ㅡ그 시시함을 말해야 하는 필요예요. 따라서 지금 여러분이 말하고 있는 텍스트의 언어가 얼마나 양식적이든, 얼마나 고양되었든, 혹은 얼마나 평범하든, 언어를 말할 때 여러분이 해야 할 일은 그걸 말해야 하는 필요와 연결해서 그 특별한 방식으로, 그 특별한 언어를 말하는 거예요.

실용적인 측면에서, 여러분은 시 말하기를 통해 말words에 대한 더 큰 감수성과 지각 능력을 얻게 돼요. 말의 신체적인 무게와 질감을 알게 되고 무엇보다 중요한 건, 이를 다루는 능력이 올라가요. 이미지를 받아들이고, 정확히 다루는 능력이 빨라져 자신감이 더욱 커질 거예요. 시의 요구를 지키고 그 내용에 귀 기울이면 누구나 시를 읽을 수 있어요. 사람마다 시를 다르게 받아들이는데 이것이 또한 시를 살아 있게 만들어요. 이게 여러분이 누구에게든, 절대로 억양을 제시하면 안 되는 이유예요. 왜냐하면 이는 그 사람과 텍스트 사이에 존재하는 고유한 걸 파괴해요. 여러분은 텍스트가 요구하는 것을 들으라고 강하게 권하고 제안할 수 있을 뿐이에요. 그 요구 안에서 가능성은 무한해요.

6 듣 기
Listening

정확히 듣는 건 목소리를 잘 사용하는 데 있어 가장 중요한 요소 중에 하나예요. 왜냐하면 듣는 정확성이 우리가 목소리로 반응하는 데 직접적으로 영향을 주기 때문이에요. 그러나 듣는 건 기본적이고 단순한 일이기 때문에 우리는 이를 당연하게 여기는 경향이 있어요.

사람들은 자기가 인정하는 것보다 훨씬 덜 정확하게 듣는 경향이 있어요. 여러분은 다른 사람의 말을 들으며 어떻게 반응할지, 어떻게 말할지, 준비할 거예요. 다 듣기도 전에 마음이 이미 분리되어 결론을 내리고 있는 거죠. 아주 단순화된 예를 들면 여러 사람을 동시에 소개받을 때나 남에게 길을 물어볼 때 여러분은 사람들 이름이나 길에 대한 설명을 잊어버린 적이 있을 거예요. 여러분이 기억 못 할 만큼 많은 정보를 들어서가 아니라 어떻게 대답할지 고민하느라 여념이 없어서요. 제가 아주 날 것 같은 예를 들었는데 왜 못 듣는지는 상황에 따라 고려할 사정이 훨씬 많을 거예요.

형태만 다르지 이건 배우에게도 해당되는 문제예요. 대본 연습을 할 때, 그것이 개인 연습이든 리허설이든, 배우들은 자기가 실제로 말하는 것과 대본이 말할 수 있는 것을 발견하기 전에 어떻게 소리 낼지, 어떻게 연기할지 미리 결론을 내리는 경우가 많아요. 물론 이건 어느 정도 배우가 처한 상황이에요. 배우에게는 남에게 평가받는다는 부담과 완성된 연기를 보여야 하는 근심이 있죠. 그러나 배우가 자신과 대본의 가능성을 듣기 위해, 그리고 그 가능성이 자신에게 영향을 미치도록 하기 위해 자기에게 시간을 허락하지 않는다면, 음성적인 결과물은 언제나 뻔할 거예요. 다른 등장인물과의 관계에서 배우는 상대의 말이 자신에게 영향을 미치도록 전적으로 들어야 해요. 이렇게 열린 태도를 가질 때에만 목소리는 새롭게 반응하고 관객을 사로잡아요. 그때 비로소 목소리는 배우 자신도 깜짝 놀라게 할 수 있어요.

리허설 단계가 지나 공연이 시작되면 상황은, 당연히, 달라져요. 여러분은 장면의 흐름, 인물과의 관계, 행동의 이유, 등장인물로서 여러분이 해야 할 말을 알고 있어요—그걸 위해 연습했으니까요. 그러나 여전히 듣기는 중요해요. 왜냐하면 그 순간 여러분이 듣고 있고, 그 순간이 다른 어떤 순간과도 다르다는 데에서 감정적 반응이 촉발되기 때문이에요. 여러분의 반응은, 따라서, 오직 그 순간만을 위한 것이어야 해요. 여러분이 이걸 허락할 자신감과 에너지가 있다면 목소리는 모두를 놀라게 할 거예요. 이것이 여러분이 훈련을 통해 목소리를 자유롭게 만들어야 하는 이유예요. 목소리는 이러한 자각력으로 반응할 수 있어야 해요.

이렇게 하기 위해 오랜 시간 준비해야 한다면 이게 과연 실행 가능할까요? 궁극적으로 이 작업work은 그렇게 많은 시간을 소요하지 않아요. 호흡 연습과 함께 여러분이 몸속 깊이 호흡을 내려 보내는 일에 익숙해질수록, 호흡의 리듬도 그만큼 빨라질 거예요. 듣기와 받아들이기receiving도 비슷해요: 중요한 건 작업의 전체 리듬에 익숙해지는 거고, 이 관점에서 훈련을 생각하는 것이 이 싸움에서 큰 몫을 차지해요. 물론 작품 리허설 중에 이런 시간을 갖기는 어렵죠; 그러기에는 부담도 있고, 다른 사람들의 저항에 부딪히게 돼요. 듣는 행위도 대사를 할 때 일어나는 것과 같은 종류의 긴장을 만든다는 사실에 주목할 필요가 있어요. 이 긴장은 여러분의 자유로운 생각을 방해하기 때문에 자유로운 반응도 방해해요. 여러분이 내내 듣기만 하는 장면에서 목에 어떤 긴장이 일어나는지 알면 흥미로울 거예요. 일단 이를 자각하면 여러분은 이완 훈련을 통해 얻은 증대된 감각을 사용할 수 있어요.

실질적으로, 여러분은 제가 제시한 텍스트나 여러분이 선택한 텍스트를 함으로써 이 작업의 전체 리듬에 익숙해질 수 있어요. 시간을 충분히 써서, 들릴 만큼 충분히 크게 읽고, 미리 결론을 내리지 말고 언어와 리듬이 담고 있는 걸 들어요. 처음에 여러분은 모든 단어가 중요하다는 걸 발견할 거예요. 하지만 텍스트, 이미지, 그리고 고유한 극작 방식에 익숙해질수록 언어는 서로 관계하면서 새로운 가치를 띠게 될 거예요. 각 낱말의 무게가 굉장히 다양해질 거고, 조사, 어미, 의존 명사들도 의미의 한 부분을 알려주기 때문에 중요해질 거고,⁹⁶ 전체 리듬이 나타나기 시작할 거예요. 여러분이 주목해야 하는 것은 이러한 연관적인 가치예요. 한 생각을 취해 말하고, 그 생각이 다음 생각으로 이끌게 해요.

『헨리 5세』의 4막 코러스는 호흡 훈련을 위해 넣은 건데, 이런 일이 어떻게 일어나는지 이해할 수 있는 아주 좋은 대사예요. 처음 16줄을 탐구해보면 여러분은 묘사가 너무 절제되어 있어 모든 단어가 중요하다는 걸 알게 될 거예요. 예를 들어 첫 단어가 여러분의 주의를 바로 끄는데 각 이미지는 손으로 만져 아는 것처럼 구체적으로 보고, 듣고, 경험되어 여러분에게 실재가 되어야 해요. 달리 말해 여러분은 커다란 배vessel 같아서 이 세상의 모든 묘사적인 어휘를 받아 들일 수 있어야 해요. 여러분이 세부적인 묘사에 익숙해지면 익숙해질수록 여러분은 리듬이 여러분을 끌어가게 할 수 있어요. 왜냐하면

---

96 원서의 이 부분은 "강세가 없는 낱말도 강세 있는 낱말로 여러분을 인도하기 때문에 중요해질 거고"이다.

일상의 말하기에서처럼, 어휘를 통해서 뿐 아니라 리듬을 통해서도 이해하거든요. 여러분은 행의 끝에서 지연suspension시키는 것이 의미의 본질적인 부분이라는 걸 듣게 될 거예요. 이건 구두점이 구의 길이를 다르게 해 다른 움직임을 일으키는 것과 같아요. 여러분은 한 구가 다른 구보다 음성적으로 어떻게 더 충만한지, 그리고 어떻게 리듬이 특정 단어로 모여 그 이미지에 영향을 주는지 들을 거예요. 언어와 리듬이 여러분에게 말하는 걸 듣는다면 그것이 여러분에게 일깨울 생동감은 놀라워요.[97] 어떤 단어도 당연하게 받아들여선 안 되지만 언어가 흘러 들어갈 전체 리듬은 자유로워야 해요. 여러분은 프랑스와 영국 진영의 분위기를 세세하게 묘사한 나머지 대목도 똑같이 탐구할 수 있어요. 그러나 특히 흥미로운 곳은 바로 시작부예요.

여러분이 이렇게 탐구해 볼 수 있도록 텍스트 세 개를 더 제시할게요. 먼저 최인훈의 희곡 <어디서 무엇이 되어 만나랴>에서 온달과 평강의 대사예요. 이 두 대사는 연역적인 논리로 주장을 전개하는 것이 특징이에요. 따라서 여러분은 대사의 전제premise가 되는 첫 생각이 마음 깊이 스며들 수 있도록 시간을 충분히 써야 하고, 대사를 말하는 과정 중에 생각의 움직임을 발견해야 해요. 만약 여러분이 단어를 강조하거나, 결론을 미리 내리고 말한다면 언어의 반향은 깎일 수밖에 없어요. 그러나 만약 여러분이 언어가 자신의 내면 가운데 내려앉도록touch down 허락한다면 언어는 여러분에게 특별한 의미를 띨 거예요. 이 두 대사에서 음악은 언어를 사용하는 방식에서 나오지 음률cadence의 개념에서 나오지 않아요. 이들 대사에서 언어는 흥미로운 방식으로 서로 대답하며 의미를 띠는데, 이것이 소리에 영향을 줘요. 온달의 대사는 온달이 전쟁터에서 자기편 장수에게 목숨을 잃은 뒤 공주의 꿈으로 찾아와 하직 인사를 하는 장면이에요. 여기서 배우는 말의 근육성을 적절히 사용해줘야 그동안

---

97 이 관점에서, 헨리 5세 4막 코러스 영어 원문의 소리는 비유할 대상을 찾을 수 없을 만큼 매우 뛰어나다.

겪은 어려움이 있고, 그러나 이것이 공주를 위해서는 아무것도 아님이 드러나요. 의지적인 대사이기 때문에 힘을 쥐서 말하기 쉽고, 격정이 있는 대사여서 감정으로 채색하기 쉬워요. 하지만 근육성과 깊은 호흡을 사용해 언어와 이미지를 생각에 연결하면 말은 비로소 모든 의미를 드러낼 거예요. 평강의 대사는 대사의 구조에 주목할 필요가 있어요. 평강은 온달의 말을 이해하기 위해 자신에게 끊임없는 질문과, 변론과, 반박을 던져요. 그러나 풀리지 않는 이 의문은 결국 온달을 향한 궁극적인 질문을 이끌어내요. 배우 역시, 연습을 하면서 미리 내린 결론으로 대사를 할 것이 아니라 대사를 할 때마다 매번 자신에게 질문해야 해요. 이 두 대사는 여러분이 말이 갖는 정확한 무게weight와 단위measurement에 민감해지게 할 거예요. 그러나 쇼Shaw의 『인간과 초인』*Man and Superman*의 발췌부는 완전히 달라요. 이는 교훈적이며, 관념으로 가득 차 있는데 쇼는 질문을 통해 이를 제시해요. 배우는 그 질문에 마음을 열어야 하는데, 오직 그 생각ideas이 마음속에 온전히 실현되도록 허락할 때에만 그렇게 될 수 있어요.

어디서 무엇이 되어 만나랴, 최인훈 [온달]

꿈이 아니오, 공주. 내 말을 잘 들으시오. 장수가 싸움에서 죽는 것은 마땅한 일. 비록 내 편의 흉계에 죽음을 당했을망정 나는 상관없소 공주, 당신을 이 세상에 두고 가는 것이 내 한이오 내가 없는 궁성에 의지 없을 당신을 생각하면 차마 내 어찌 저승길의 걸음을 옮기리까. 공주, 이 몸에게 베푸신 크낙한 은혜 티끌만큼도 갚지 못하고 가는 이 사람은 죽어도 죽지 못하겠습니다. 십 년 전 그날, 이 몸이 하늘을 보던 그날, 당신이 내 오막살이에 오신 날, 이 몸은 당신의 꽃다운 얼굴에 눈멀고 당신의 목소리에 귀먹었습니다. 당신은 그 전날 밤에 내게 오셨습니다. 산에서 동굴에서 지낸 하룻밤에 당신은 나와 더불어 천년을 맹세하셨습니다. 그날, 당신께서 내 앞에서 갓을 벗어 보이셨을 때 나는 알아보았습니다. 당신이 내 하늘인 것을 알아보았습니다. 벙어리된 이 몸은 당신의 망극한 말씀을 들으면서도 벙어리된 입을 놀릴 수 없었습니다. 당신은 이후 내 하늘이었습니다. 산짐승과 더불어 살던 이 몸에게 사람 세상의 온갖 지혜를 가르치신 당신, 창으로 곰을 잡듯, 덫으로 이리를 잡듯, 적의 군사를 잡는 것은 쉬운 일이었습니다. 당신을 위해서 나는 싸웠습니다. 당신의 기쁨을 위해서 신라와 백제의 성과 장수들을 나는 취하였습니다. 싸움터의 길은 내가 짐승들을 쫓던 그 길보다 더는 험하지 않았습니다. 설사 천배나 그 길이 험하였기로서니 나에게 그것이 무슨 두려움이었겠습니까. 이 천한 몸에게 주어진 영광도 오직 공주를 위한 방패라 생각하고 나는 두려운 줄도 몰랐습니다. 공주, 고구려 평양성의 인심은 무섭더이다. 이 몸은 산에서 활을 쏘고 창으로 끼니를 얻던 그때처럼 편한 마음을 한신들 가지지 못하였습니다. 나보다 뛰어난 사람들이 구름처럼 모인 평양성에서 나는 눈멀고 귀먹은 짐승이었습니다. 나는 보지도 듣지도 않았습니다. 부마될 내력 없는 이 몸을 비웃는 소리도 나에게는 가을날 산의 가랑잎 스치는 소리더군요. 하늘인 당신을 모신 이 몸은 아무것도 듣도 보지도 않았습니다. 무엇을 들어야 할 이치가 있었을까요? 숱한 사람들이 나에게 말했습니다. 공주 당신께서 하시는 이야기를 다 들어서는 안 된다고. 온달은 나라의 부마이고 나라의 장군이라고... 그러나 다 이 몸에게는 부질없는 말들. 공주, 당신이 나의 고구려였습니다. 고구려, 그것은 당신이었습니다. 덕이 높으신 왕자의 말씀도 내 귀는 듣지 못하였습니다. 그분들은 모두 다른 고구려를 섬기는 어른들인 것을 나는 알게 되었지만 지금까지도 이 몸과는 상관없는 일입니다. 지금 나는 당신에게서 떠납니다. 나는 두렵습니다. 당신 말고 다른 고구려를 섬기는 사람들이 당신을 해칠 일이, 공주....

어디서 무엇이 되어 만나랴, 최인훈 [공주]

무슨 일이나 없었으면 (온달이 사라진 쪽을 보며) 꿈이었던가? 방금 거기서 계셨는데... 아직도 말씀 귀에 쟁쟁한데... 부디 무사하시기를 ... 이 몸을 위해서였다고? 이 몸이 베푼 은혜? 내외간에 어째서 그런 말씀을 하시는가? 은혜? 은혜를 말하면 이 몸이야말로, 세상을 버렸던 이 내 집에 돌아오게 된 것이 누구의 힘이었던가? 내가 그것을 몰랐던가? 아니, 님을 뵈온 그날부터 하늘이 보내신 장수를 고구려에 으뜸가는 자리에 세우는 것이 내 꿈이었지. 장군은 마땅히 그럴 만한 분이었기에, 오늘날 백제와 신라의 장수들이 두려워하고 온 나라가 우러러보는 높은 자리가 장군에게는 기쁨이 아니었다니... 산을 타고 다니실 때처럼 편안한 날은 하루도 없었다니... 그러면 고구려의 부마요, 고구려의 높은 장수로 지낸 이 세월이 장군에게는 고통이었다는 말인가? 장군에게 싸움터에서 싸움터로 영광을 찾으시게 한 내 진언과 뒷받침은 장군에게 고통을 만들어주었단 말인가? 내 한 몸의 권세를 위해서만 나는 장군에게 싸움을 권했던가? 아니다. 산속의 모진 살림도 나는 견뎠지. 내가 장군을 첫눈에 보았을 때, 오, 나야말로 하늘을 보았지. 생시가 꿈이 되고, 꿈이 생시가 되던 그 마음. 내 인연의 길목에 홀연히 모습을 나타내신 장군. 곰 한 마리를. 그래, 송아지만한 곰 한 마리를 메고 사립문을 들어오실 때 나는 이 눈을 믿을 수 없었지. 장군이, 온달이, (웃음을 지으며) 바보 온달이 진짜 사람이라니... (웃음을 짓는다.) 왜 그토록 믿기지 않았을까? 옳지, 그때 내 마음은 그 일을 믿을 수 없었지. 온달이 육신을 가진 진짜 사람이라는 일. 그 일이 무작정 믿기지 않았지. 그러자 살아온 세월이 모두 아리송해졌지. 나는 알고 싶었어. 그것이 정말 꿈인지 생신지, 모두를. 장군을, 나를, 세상을, 고구려를, 신라를, 무엇인가를, 조바심나게 나는 알고 싶었지. 장군은 누구인가를, 장군은 천하의 명궁인 것을 알았지. 장군이 얼마나 글을 깨치는가를 알고 싶었지. 나는 가르쳐드렸지. 곧 내가 더 가르쳐드릴 것이 없는 것을 알았지. 그래서 또 나는 알았지, 장군은 평양성에 오셔야 한다는 것을, 아버님께서 사냥을 나오신 날 나는 장군에게 일러드렸지. 아버님 눈앞에서 떠나지 말고 자꾸 짐승을 쏘아 맞히시라구. 평양성에서도 장군은 으뜸가는 용사인 것을 나는 알았지. 장군은 싸움마다 이기시고 한없이 이기실 힘을 가지셨으니 나는 장군이 어디까지 이기시는가를 알고 싶었어. 장군이 누구인가를 알기 위해서…. 아내 된 이 몸이 장군을 위해서 무얼 할 수 있는가를 알기 위해서. 그래서 나는 장군의 적들을 알아냈지. 그들을 목 자르고 멀리 쫓아 보냈어. 장군과 내가 가는 길을 더 분명히 보기 위해서. 그 길을 위해서 장군은 태어나지 않았는가. 그 길을 위해서 장군은 내 앞에 나타나시지 않았던가? 그 길을 위해서 어린 시절 내 귓전에 그 이름을 울려주시지 않았던가? 그런데 그것을 그 길을 바라시지 않으셨다니? 내가 드리는 말씀을 한 마디도 물리치지 않으신 당신은 당신이 아니었습니까? 당신은 누굽니까? 그토록 오랜 세월, 이 몸의 하늘이었으면서도 지금 그렇지 않다고 하시는 당신은 누굽니까? 님이여. 당신은 누굽니까?

『인간과 초인』에서, G. B. 쇼

악마: 그런데, 이 모든 자랑인 뇌를 갖고도 인간이 파괴적이지 않다? 최근에 지구에 내려가 산책 좀 해봤어? 난 했지; 그래 인간의 놀라운 발명품들을 살펴 봤지. 생명 기술에 관한 한 인간은 만든 게 없어. 근데 살상 기술이라면 인간은 자연을 훨씬 능가해. 화학적으로, 기계적으로, 역병, 해악, 기근을 만들어 살상을 일으켜. 오늘 내가 유혹한 농부는 만 년 전 농부들과 똑같은 걸 먹고 마시드라구; 그가 사는 집도, 여자들의 보닛[98]이 20주 동안 변하지 않은 것처럼, 천 년 동안 변한 게 없었구. 하지만 살육하러 나가면 기가 막힌 발명품을 들고 나가. 손가락만 닿아도 엄청난 분자 에너지를 뿜는, 조상들이 만든 창과 화살을 한참 구닥다리로 만들지. 평화의 기술 안에서 인간은 아마추어야. 나는 면직물 공장에 가봤어. 탐욕에 찬 개들이 음식 대신 돈을 원할 때 만들 그런 기계야. 조악한 타이프라이터, 어설픈 기관차, 재미없는 자전거도 알아. 총, 잠수함, 어뢰, 보트에 비하면 장난감이지. 인간의 산업 기계에서 탐욕과 나태함을 빼면 뭐가 남을까? 인간의 마음은 무기에 가 있어. 당신이 자랑하는 놀라운 생명의 힘, 그건 죽음의 힘이야. 인간은 자기의 힘을 파괴성으로 측정해. 종교? 그건 나에 대한 증오를 변명하는거야. 법? 네 목을 매달 구실이지. 도덕? 고상한 척하는 거야. 일하지 않고 먹잖아. 예술? 학살 장면을 즐기는 구실. 정치? 절대 군주를 숭배하거나, 왜? 절대군주는 사람을 죽이니까, 아님 의회에서 쌈질이나 하지. 최근에 내가 저명한 입법기관에 가서 시간을 좀 보냈어. 똥 묻은 개가 겨 묻은 개를 나무라더라구. 거길 나가면서 문에다 옛 속담 하나를 분필로 써줬어. '질문하지 마라. 그럼 거짓을 듣지 않으리니.' 6페니짜리 가족 잡지를 하나 샀는데 거긴 젊은 애들

끼리 찌르고 쏘는 사진으로 가득했어. 죽어가는 남자도 봤지. 벽돌공장 노동자였고 애가 일곱이 있었어. 그는 17파운드의 유산을 남겼어; 부인은 그걸 전부 장례비용으로 쓰고 그다음 날 애들을 데리고 일터로 나갔어. 아이들 학비에 쓸 7펜스를 안 남겼거든: 법은 그녀가 자식들에게, 필요는 없지만, 학교에 보내도록 명령해야 했어; 하지만 그녀는 가진 돈 전부를 장례에 썼어. 인간의 상상력이 빛나고, 인간의 에너지가 올라오는 곳은 죽음이야, 인간들은, 죽음에 환장해: 더 끔찍할수록 더 즐거워해. 지옥은 인간의 이해를 초월하는 곳이야. 그들은 지옥에 대한 개념을, 인류 역사 상 가장 모자란 두 놈에게 얻었어. 이태리놈과 영국놈. 이태리놈은 지옥 을 진흙, 얼음, 불, 똥, 독사의 장소로 묘사해. 이 돌대가리는 나에 대해 거짓말 하거나 거리에서 본 여자들을 주로 얘기해. 영국놈은 내가 천국 에서 대포와 화약으로 쫓겨났다고 묘사하구; 그리고 오늘까지도 그들은 그 바보 같은 이야기가 모두 성경에 있다고 믿어. 그놈들이 한 마디 더 했는데, 모르겠어, 내가 아니라 누구라도 읽어가지 못할 긴 시에 들어 있 으니까. 다 똑같은 얘기라. 문학의 최고봉? 비극이지. 끝에 가서 다 죽잖 아. 구약에는 지진과 역병이 나오잖아? 이것이 하나님의 권능과 위엄, 그 리고 인간의 한계를 보여준다구 하구. 요즘 신문은 전투를 묘사해. 두 집 단이 서로 총알과 폭약을 쏘아대서 한쪽을 격퇴시켜. 그리고 도망자를 추격해 그들을 박살 내는 거야. 그리고 이렇게 결론을 내려. 이는 제국의 장엄함과 위대함, 그리고 패전국의 약소함을 보여준다. 전시에 사람들은 거리를 뛰어다니며 기뻐 외쳐, 그리고 정부가 수억의 돈을 살육에 쓰도 록 격려해. 반면에 가장 권한 높은 장관은, 매일 길에서 만나는 가난과 질병에 대해 여윳돈 1파운드를 감히 쓰지 않아. 난 이런 예를 천 개는 댈 수 있어; 근데 이는 다 똑같은 결론에 도달해: 지구를 지배하는 건 생 명의 힘이 아니라 죽음의 힘이다. 한 생명이 인간으로 조직되도록 노력하게 만드는 내적 양분은 더 고귀한 삶이 아니라, 더 효과적인 파괴엔진에 대한 필요다. 역병, 기근, 지진, 폭풍. 이런 건 효과가 너무 일시적이야; 호랑이, 악어. 얘들은 너무 쉽게 만족해. 더 항구적이고, 더 잔혹하며, 더 완벽한 파괴 도구가 필요한데, 그게 바로 사람이야. 파괴, 화형, 교수대, 전기 의자, 총, 칼, 독가스의 창조자. 무엇보다, 정의, 사명, 애국, 그리고 그로 말미암아 인간적인 성향의, 충분히 똑똑한 사람조차 가장 잔인한 파괴자로 설득되는 모든 철학을 만든 장본인.

7 연기와 목소리
Using the Voice

지금까지 여러분은 자신이 성취한 목소리의 발달 단계에 맞춰 목소리를 어떻게 준비해야 하는지 살펴봤어요. 이제 연기 중에 부딪힐 구체적인 문제들을 살펴봐요.

여러분은 이미 크기가 주요 문제 중 하나라는 걸 이해했어요: 여러분이 채워야 할 극장과 연기 공간의 크기, 캐릭터의 정서적 크기, 그리고 때로는 배우 자신의 신체적인 크기.

우선 저는 극장 공간을 채우는 데에서 시작할게요. 이를 위해 여러분은 객석의 크기를 스스로 가늠할 수 있어야 하는데 이건 경험이 쌓일 때 가능해요. 음향적으로는, 객석 바닥을 공명판으로 생각하면 도움이 돼요. 만약 청각적인 반향이 없어 소리를 채우기 어려운 객석의 특정 구역이 있다면, 그곳에서 0.5~1미터 뒤 바닥으로 소리를 보내요. 그러면 소리가 바닥에서 반사되어 그 공간을 쉽게 채워요. 그러나 만약 여러분이 소리를 그냥 위로 보내면 명료함은 가버리고, 그 공간은 채워지지 않을 거예요. 객석의 여러 다른 지점에 초점을 두고 허밍 연습을 하며, 객석 중 목소리를 가장 잘 전달하는 지점을 찾는 것도 좋아요. 큰 극장에서 이런 실험을 많이 해볼수록 여러분은 이런 문제들에 대해 더 민감해질 수 있어요. 가장 만족스러운 지점을 찾았다면 처음엔 그곳에 초점을 두어 대사를 하고, 그다음에는 그 위로 멀리 대사를 보내어 그 차이를 들어봐요. 그런 다음 그 초점을 계속 마음에 두고 대사를 해요; 움직여도 보고, 객석에 등을 지기도 해요. 이는 여러분이 극장의 외적 조건에 적응하게 해주는 매우 좋은 연습이에요. 목소리로 극장을 채우는 일은 선명한 딕션과, 말과 톤을 정확하게 두는 것the precise placing of word and tone을 통해 이루어져야 해요. 여기에는 타이밍도 관계하고요—여러분은 말이 뻗어갈 수 있도록 조금 더 길고, 마찰이 조금 더 많은 자음fractionally longer and more fricative consonants이 필요하고, 큰 공간의 뒤에까지 도달할 시간을 허락해야 해요: 소리는 이 모든 게 다 필요해요. 여기에는 관객에게 다가가고 소통하려는 태도도 영향을 줘요—즉 관객과 관계를 맺고, 캐릭터와 희곡의 맥락 안에서 숨기지 않고 소통하는 것. 이것이 빚는 목소리의 차이는 엄청나요. 배우가 뛰어난 집중력을 갖고 흥미롭게 연기한다 해도 그 집중 안에 관객이 들어 있지 않다면, 그의 말은 관객을 끌어당길 수 없어요. 배우가 관객을 자기의 연기 기준 안에 두고 바라볼 수 있다면 목소리는 살아나요. 이건 매우 단순해요: 만약 눈이 소통하고 있지 않다면 목소리 역시 완전히 소통할 리 없어요.

배우의 신체적 크기는, 특히 남자 배우의 경우, 목소리를 사용하는 방식을 지배할 때가 많아요. 체구가 작은 배우는 이를 보완하려는 강박 때문에 자기 안에서 공명을 발견하지 않고 목소리를 아래로 눌러 거짓된 공명을 얻으려 들 때가 빈번하죠. 그가 느끼는 것과 달리 이는 배우를 가로막아요. 왜냐하면 이게 관객으로 하여금 배우가 자신에 대해 변명하고 있다는 걸 알게 하거든요; 이는 또한 목소리의 흥미로운 유연성을 상당히 제거해요. 체격이 큰 배우는 공명이 있음에도 불구하고, 소리를 부드럽게 내거나 음성 에너지를 약하게 만들어 발음을 흐리는 경우가 있어요. 이것도 자신의 크기를 보완하려는 시도예요. 혹은 그 크기 안에 있는 힘을 두려워하는 거죠. 목소리는 반드시 그 사람과 관계해요.

일어날 수 있는 두 번째 문제는 캐릭터의 정서적인 크기예요. 고전 희곡의 인물이나, 감정의 크기가 매우 큰 캐릭터를 연기할 때 배우는 항상 부담을 느껴요. 왜냐하면 자신이 그걸 다 채우지 못할 거라고 느끼는 거죠. 이때 유혹은 이 문제를 볼륨으로 해결하는 거예요. 만약 그런다면 여러분은 필연적으로, 캐릭터의 구체적인 사고reasoning와 형상화conceptions 과정을 놓치게 되는데 그게 바로 그 인물의 크기예요. 크기는 등장인물의 고유한 철학ideas과 감정에 친숙해짐으로써 발견되어야 해요. 따라서 그가 사용하는 언어에 친숙해져야 해요. 만약 여러분이 그런 역할을 맡았다면 대사를 작게 말하는 것이 꼭 필요해요. 오직 이렇게 할 때 여러분은 그 인물의 풍부한 속성을 끊임없이 열수 있어요. 힘은, 여러분이 이미 발견한 '음성적 분명함vocal firmness'과 '무게weight'로부터 나올 거예요. 한 가지 놀라운 사실은 볼륨을 기민하게 사용하지 못하면 섬세한 목소리와 조절력을 잃을 뿐 아니라 이것이 정신적인 긴장을 일으켜 구체적인 사고를 멈추게 한다는 거예요. 볼륨은 극장 공간을 채우는 것과도, 등장인물의 크기와도 거의 관계가 없어요. 물론 어떤 역할은 다른 역할보다 좀 더 지속된 소리를 요구하고, 따라서 음성적으로 더욱 준비해야 해요. 그리고 연기를 하다 보면 소리를 폭발적으로 쓰거나, 통곡하거나, 외쳐야 할때가 있어요. 하지만 이런 건 엄격하게sparingly 써야지 만약 남발하면 그 연기는 관객의 주목을 끌 수 없어요. 더 이상 가둬둘 수 없을 때 볼륨을 분출해야해요. 관객은 너무 큰 볼륨을 수용할 수 없어요. 왜냐하면 그건 결국 임팩트를 상실하기 때문이에요. 만약 여러분이 정말로 볼륨을 더 써야 한다면, 반드시 자음의 무게weight를 함께 올려야 해요. 볼륨이 커질수록 여러분은 소리를 말로 바꾸기 위해 더 많은 자음이 필요해요. 더 큰 볼륨에 요구되는 더 큰 에너지는 언제나 호흡에서 발견해야 해요. 절대로 목을 누르지 말아요.

강한 소리를 지속적으로 내건, 짧게 분출하건 긴장 없이 볼륨을 쓰고 싶다면 텍스트를 하나 취해 바닥에 누워서 하는 연습을 많이 하세요. 시간을 충분히 써서 몸을 이완하고, 호흡 근육들이 잘 기능하도록 준비하고, 그러고 난 다음 텍스트를 시작해요. 처음에는, 호흡이 확고하게 중심에 연결되도록 하고, 아주 작게 말해요. 서서히 볼륨을 올리는데, 피치가 올라가지 않도록 주의하고 의미를 생각하며 말할 때처럼 억양을 유연하게 사용해요. 항상 대사의 의미를 선명하게 유지해요. 몸이 긴장하는지, 소리가 목으로 가지 않는지 주의를 기울이며 서서히 볼륨을 올려요. 긴장하게 되는 순간, 혹은 몸으로 소리를 보내는 양 몸의 일부를 움직이는 걸 발견하면 그 순간 멈추고 긴장을 놓아준 뒤 다시 이어가요. 이건 대사 할 때 몸을 움직이지 말란 뜻이 아니에요: 몸 움직임 없이 목소리가 갖는 모든 힘을 전할 수 있어야 한다는 의미예요. 그래야 여러분이 움직임을 자유롭게 선택할 수 있어요. 여러분은 자신의 개인적인 긴장과 등장인물의 긴장을 구별할 수 있어야 해요. 여러분이 자유롭게 모든 것을 전달할 수 있어야 원하는 대로 움직일 수도, 움직이지 않을 수도 있어요. 만약 여러분이 긴장해야 또는 비자발적인 움직임을 넣어야 대사를 할 수 있다면 여러분은 자신을 긴장 속에 가두는 거예요.

자기의 고유한 힘에 연결하지 않고 스스로 강해지라고 강요할 때 여러분이 목에 힘을 줘요. 왜냐하면 거기서 조절할 수 있다고 느끼거든요. 그러나 그렇게 조절할수록 배우의 힘은 줄어들어요. 대본으로부터 에너지를 받고 있지 않으니까요. 이때 배우는 대본의 크기에 맞춰 자신을 확장하는 대신, 자신의 크기에 맞춰 대본을 축소하게 돼요. 많은 배우들이 이런 문제를 일으키는, 뒷목 근육을 놓아주지 못하는 습관을 갖고 있어요: 그들은 어떤 면에서는 자신을 모니터 하지만 '그 특유의 조절'을 잃어버릴 것이 두려워 그 긴장을 놓아주지 못해요. 그러나 이것이 언제나 목소리를 가로막아요.

목소리의 힘을 얻고자 한다면 여러분은 '이완'과 '호흡 사용' 연습을 꾕

장히 많이 해야 해요. 목에 긴장이 없고 매우 자유롭다는 전제에서 대사의 여러 부분을, 아마 움직이며 소리치는 게 도움을 줄 때가 올 거예요. 작업 방식을 다양하게 접근하는 건 언제나 유익해요. 그러면서 여러분은 특정한 방식에 고착되는 걸 피할 수 있죠. 이건 좀 미묘한 문제지만 어떤 순간 어떤 게 도움이 될지 판단하는 건 여러분의 직관을 따라야 해요. 만약 등장인물의 힘을 찾고자 한다면 목소리를 어느 키key[99]에 둘 것인가에 집중하는 게 아주 중요해요. 어떤 배우는 피치를 내려서 음역을 제한하는 경향이 있는데 이러면 지루해요. 낮은음에 키를 맞춰도 고음을 배제하지 마세요. 왜냐하면 여러분은 낮은음에 대비하여 높은음이 필요한데 이 높은음이 목소리의 효과를 절대 가볍게 만들지 않기 때문이에요.

목소리 안에서 캐릭터를 탐구할 때에도 같은 범주가 적용돼요. 여러분의 목소리를 다른 캐릭터로 바꾸는 작업은 반드시 대본의 언어와 리듬에서 비롯되어야 해요. 만약 이런 연습이 여러분을 다르게 말하도록 이끈다면, 이로 인해 긴장이 생기지 않는다는 전제에서, 이는 좋은 일이에요. 언어와 생각이 여러분을 말하는 방식으로 인도해야 해요. 만약 다른 목소리를 찾으려는 생각에서 출발하거나, 자기 목소리를 왜곡하는 어떤 종류의 소리를 입히려 하면 그것이 여러분을 가로막는 짐이 될 거고, 무엇보다 단순성simplicity을 잃을 거예요. 만약 여러분이 평소에 쓰는 중간 음역대보다 조금 높은 목소리로 연기해야 한다면, 이미 제시한 '호흡'과 '노래 연습'들을 사용해 이를 천천히 작업하세요. 서서히 음역이 확장되어 그 지점까지 도달할 거예요. 어떠한 환경에서도 목소리에 긴장이 들어오는 걸 허락하지 말아요. 안 그러면 시간이 흐르며 그것 때문에 목소리가 고통당하게 돼요.

종종 이런 일도 있어요. 자기를 신뢰하지 못하고 에너지를 잘못 두어, 그리고 개인적인 긴장과 캐릭터의 긴장을 구별하지 못해 배우가 대사로 계속 신

---

99 음악에서는 조를 의미하나 여기에서는 기본음과 그에 따른 음역을 의미한다.

호를 보내며 소통(연기)을 흐리는 거예요. 이건 배우들이 빠지는 가장 큰 함정인데, 가장 빈번히 빠지는 함정 중 하나예요. 제 말은 배우가 느끼고 있지 않은데 자기가 느끼고 있다고 신호해요. 그냥 이해하고 있지 않은데 이해의 시그널을 보내요. 낭만적인 장면에서는 대사와 행동에 이미 낭만이 드러나는데 낭만적인 목소리로 연기를 강조하고, 고통스러운 장면에서는 그런다고 해서 관객들에게 전달될 게 아무것도 없고 연기만 단조로워질 뿐인데 고통스럽게 목소리를 내는 거죠. 쾌활하고 씩씩해야 하는 배우는 관객을 향해 소리를 밀고, 소음과 에너지로 대사를 터트려요. 그러나 자기에게 강요하고 있다고 느끼는 순간 관객은 뒤로 물러서요. 남에게 보여줄 목적으로 하는 반응은 사람들을 움츠리게 만들거든요. 일상에서도 누군가 당신에게 뭔가 지나치게 말하려 들면 여러분은 불편해서 피하고 싶지 않을까요?

이렇게 신호를 보내고 있다면 왜 이런 일이 일어나는지 이유를 분명히 알아야 해요. (그리고 이에 대해 여러분은 남의 비평에 귀를 열어야 해요.) 신뢰가 부족해서 대본을 주입하고 강조하는 건지, 아니면 쇼맨쉽에 대한 오해 때문에 관객이 원하지 않는 걸 보여주는 건지─즉 감정에 대한 이유가 아닌, 배우에게 일어난 감정의 효과를 보여주는 것이 연기라는 생각.

다시 말해 여러분이 감정이 크고 분노와 권위를 갖는 인물을 연기하며 말과 소리의 균형이 무너진 과한 소리를 낸다면 관객은 여러분의 말을 듣지 않을 거고, 그 힘의 이유도 모를 거예요. 여러분은 내면의 힘을 발견하여 자신의 무게와 힘에 내려 앉아 올바른 음성 에너지를 놓아줘야release 해요. 이것이 대본의 에너지와 함께할 때 여러분의 캐릭터가 크기를 얻고, 관객은 그 크기의 이유에 몰입할 수 있어요. 재치 있고 멋진 캐릭터를 받았다면 억양을 비비 꼬아 그 인물을 우스꽝스럽게 만들지 말아야 해요. 즉, 관객에게 "이건 재미있는 대사예요"라고 하면 안 돼요. 말에 대한 필요를 발견하면 유머는 나오게 되어 있어요. 비슷한 이유로 감정이 깊은 인물을 연기할 때 만약 여러분이 목소리를 낭만적으로 내면 여러분은 "나는 이걸 느낄 수 있지만 여러분에게 확신시키지는 못하겠어요"라고 관객에게 말하는 셈이 돼요. 따라서 관객은 그 배우를 전적으로 믿을 수 없어요.

이런 예를 몇 개 들어 볼게요. <한여름 밤의 꿈>의 연인 씬에서 연인들은 로맨틱하고, 젊고, 격정으로 가득 차 있는데 만약 배우들이 낭만적인 톤이 가득한 목소리로 연기한다면 장면은 반복적이 되고, 지루해져요. 하지만 만약 배우들이 낭만과, 젊음과, 열정이 대사의 주장argument에 있다는 걸 깨닫게 된다면 그 장면은 고유한 에너지와 추진력을 얻어요. 이는 어떤 로맨틱한 대본도 마찬가지예요. 열정excitement은 감정feeling을 발견할 때 나오는데 이건 말의 의미를 정확히 발견할 때 그렇게 될 수 있어요. 이는 대본을 일상적이거나 평범하게 말하라는 뜻이 아니에요. 왜냐하면 대사와 상황이 평범하지 않아요. 피터 브룩의 <한여름 밤의 꿈> 공연에서 놀라웠던 것은 모든 것이 대본에서 나왔다는 점이에요. 무대 위에서 보여준 배우들의 삶은 그들의 총체적인 소통의 결과였어요. 저는 리허설 기간 동안 배우들과 목소리 작업을 했는데, 셰익스피어와 다른 시적인 대본들을 갖고 소그룹과 작업하며 오로지 대본을 직접적으로 소통하는 데에만 목표할 때 그들의 소통이 무대에서 어떻게 강화되는지를 지켜보는 것은 황홀한 일이었어요. 배우들이 소그룹 연습에서 갖고 있던 목소리와 대사에 대한 특정한 문제들은 연기할 때에도 변함없이 문제가 되었어요.

상당히 다른 스타일의 예를 하나 더 들면 웹스터Webster의 <말피의 공작부인>Duchess of Malfi이에요. 이 희곡은 그 작품을 연기한 배우들이 실제로 경험했을 법한 것보다 더 환상적이고, 폭력적인 이야기예요. 만약 여러분이 이 잔혹성과 폭력을 강요한다면 여러분은 이를 놓칠 거예요. 왜냐하면 그러면 시끄럽고, 아무 의미 없는 말이 되거든요. 여러분은 우아미와 퇴폐성으로 뒤범벅된 그 이미지와 말을, 그 말이 갖고 있는 육체적 실존을, 손으로 만져질 듯한 그 형체들을 받아들이고 관객이 이를 완전히 직접적으로 받아들일 수 있도록 해야 해요. 그때 관객들이 그 세계를 이해할 수 있어요. 그 희곡은 폭력, 질병, 부패, 성적 도착, 기하학적 정확성 등 놀라운 심상으로 가득해요. 형이상학적인 희곡에는 죽음을 피할 수 없는 인간의 운명이 언제나 드러나요. 퍼디넌드Ferdinand가 공작부인의 정원에 대해 이렇게 이야기해요.

네가 사는 궁정 안, 여기 무성한 목초지에는,
치명적인 감로 멜론이 있어:
그게 네 명예를 더럽힐 거야, 조심해. 교활하게 굴지 말구.
스무살도 안 된 애들이
얼굴로 마음을 속이면 마녀야,
그래, 악마에게 엿이나 맥이구.

퍼디넌드가 그녀의 비밀 결혼에 대해 들었을 때 여러분은 그의 광기가 시작되는 것을 그 이미지의 기이한extraordinary 속성에서 인지했을 거예요.

난 오늘밤이 맨드레이크100를 캐도록 만들 거야.

보졸라Bosola가 자신과 인간의 조건에 관해 이야기해요:

.... 제 얘기 좀 들어보세요:
어떤 수족이, 인간의 이 껍데기에서,
사랑받아야 되죠? 우린 이걸 불길하게 보는데.

---

100 옛 서양 미신에 따르면 맨드레이크를 뽑는 사람은 지옥에 떨어지는 저주를 받는다. 이때 맨드레이크 뿌리는 비명을 지르고 그 비명을 듣는 사람은 죽는다.

만약 대자연이 당나귀나 양,

아님 사슴이나 염소를 낳았는데 그 팔다리가 사람을 닮았다면,

그리고 천재로 진화했다면,

인간은 자기의 기형을 보며 놀랄 걸요?

다른 생명체에 그런 게 있다구.

근데 우리 몸에는

루프스101 궤양, 돼지 홍역 같이 동물에서 이름을 따온 질병들이 있잖아요.

우린 이lice에게 뜯기고, 벌레한테 물리는데도,

썩어 죽을 이 몸을 쉬지 않고 끌고 다니며

그걸 세포 속에 숨겨놓고 기뻐해요: 아니, 우리가 두려워하는 건

의사들이 우릴 땅에 묻어

설탕이 되어 버리면 어떡하나 하는 거죠.

이런 텍스트를 성공적으로 다루기 위해 여러분은 말speech의 이유를 발견해야 해요-다시 말해 먼저 중심이 되는 논리를 명확히 하고, 그 생각을 좇아가야 해요. 여러분은 대사를 소리 내어 말하는 놀라운 과정 중에 방법을 조직해 가야 하는데, 여기에는 저 특별한 이미지들의 무게와 형식을 경험하는 것이 포함되어야 해요. 그래야 관객이 대사를 완전히 이해할 수 있어요. 또한 여러분은 이 모든 걸 저 정확한 언어와 소리에 담겨 있는, 인물들의 고유한 감정적 필요에 깊이 뿌리내리게 해야 해요. 소리는 의미의 중요한 부분을 담고 있어요.

만약 여러분이 <정직함의 중요성>The Importance of Being Earnset과 같은 코미디를 하고 있다면, 유머는 등장인물이 자기 말을 전적으로 믿는 데에 있어요. 만일 이 고양성extravagance에 대한 아주 작은 이해를 갖고 배우가 대사에

---

101 라틴어로 늑대라는 의미

색을 입히고 이것이 왜 재미있는지 설명한다면, 그 유머는 통하지 않아요. 배우는 그 말의 논리와 순수성the simplicity and logic of those words에 도달해야 해요.

이건 현대 희곡도 마찬가지예요. 여기서 언어는 아마 완전히 평범한 일상적인 것일 거예요. 그러나 상황이 특별하고, 언어와 리듬은 등장인물마다 고유해요. 예를 들어 베케트나 핀터에서 대사가 서로 얽히는 방식은 인물들의 고유한 고독을 담고 있어요. 오즈본Osborne의 독설에서 사악함은 그 특별한 말을 선택해야 하는 필요에서 나와요. 테네시 윌리엄즈는, 그 부패와 타락 안에서, 여러분에게 웹스터를 떠올리게 하는 고유한 음악을 갖고 있어요. 언어가 갖는 유연함의 예는 누구라도 무한히 제시할 거예요. 왜냐하면 여러분이 씨름하는tackle 텍스트마다 이런 경험을 더해줄 테니까요. 핵심은 여러분이 연기하고 있는 텍스트 안에는 발견할 것이 엄청나게 많다는 거예요. 미국의 메소드 연기는 목소리를 사용하는 방법에 지대한 영향을 미쳤어요. 이는 캐릭터의 신체적인 개입physical involvement을 강조하는데 종종 언어를 배제하고, 대사를 거의 알아들을 수 없도록 하는 데까지 가요. 그 당시에는 그러한 움직임이 필요했을 거고, 매우 유익했을 거예요. 왜냐하면 그때 연기 스타일은 대개 발성에 지나치게 의존해서 생동감이 없었거든요. 하지만 제 생각에, 사람들은 이 연기 스타일이 그게 실제로 그랬던 것보다 더 흥미로운 연기라고 믿게 되었던 거 같아요: 어느 쪽으로든 균형을 잃으면 완전히 진실할 수 없어요. 목소리 사용은 몸의 다른 기관을 사용하는 것처럼 신체적이어야 해요. 만약 신체적인 필요를 무시하고 목소리를 사용하면 이는 관객에게 전적인 확신을 주지 못하거나, 의미를 축소시켜요; 그리고 신체적인 개입이 말the word보다 더 중요해지면 이는 그 인물을 작아지게 하고, 궁극적으로는 지루하게 만들 거예요. 이 말이 저 혼자 잘난 척하는 말로 들릴지 모르겠어요. 하지만 "행동을 대사에, 대사를 행동에 맞추게. 이렇게 함으로 자네들은 자연의 절도를 넘어서지 않을 거야'102라는 말은 틀림없이 궁극적인 조언이 되어야 해요.

　배우는 당연히 평범한 대본도 많이 다뤄야 해요. 그중에는 잘 못 쓴 대본not well-written도 있는데 그냥 나쁜just bad 대본도 상당해요. 이런 현실이 배우로 하여금 일부러 언어를 무시하게 하고, 장면에 흐르는 동기와 행동을 찾는 데 몰두하게 만드는 경향이 있어요. 좋은 텍스트를 스스로 해보는 것이 좋지 못한 텍스트를 잘 다룰 수 있게 해준다는 건 정말 놀라운 일이에요.

　자, 이제 모든 걸 정리할게요: 여러분은 목소리를 할 수 있는 한 최대한 잘 준비하고 최고로 숙련시켜야 해요. 어떤 종류의 대본을 작업해도 반응할 수 있도록 목소리를 신장시켜야 해요. 그래야 자신과 관객을 깜짝 놀라게 할 수 있어요. 모든 지저분한 습관을 없애요. 제 말은 대사에 색깔을 입히려는 모든 불필요한 시도, 긴장, 그리고 관객을 확신시키는 데 필요하다고 느끼지만 사실 직접적인 소통을 가로막는 개인적인 버릇까지. 이 모든 것을 제거해야 해요. 제가 확신하는데 배우들이 가장 두려워하는 것 중 하나는, 자기가 지금 충분히 느끼고 있지 않기 때문에 흥미롭지 않다는 두려움이에요. 배역의 감정이 클수록 관객에게 확신시키기 위해 배우는 더 노력하죠. 그러나 그러기 때문에 구체성을 잃어버려요. 이런 일이 흔하다는 걸 여러분도 잘 알지만 자기를 신뢰하는 건 어려운 일이에요. 여러분은 거기에 설 권리가 있다는 걸 믿어야 해요.

102　햄릿, 3막 2장

훈련 요약
Summary of Exercises

저는 작업 영역을 상기할 목적으로 여기에 연습 훈련을 요약했어요. 이를 간결한 형태로 붙여놓으면 이것이 여러분에게 필요한 훈련을 알게 할 거예요.

이 훈련들은 목소리에 더 큰 자유를 주고, 배우의 개인적 긴장과 배역과 상황의 긴장 간의 차이를 더 분명히 알게 하려는 거예요. 불필요한 긴장은 에너지를 낭비해요. 대사the word가 분명해지고 그 의미가 드러나는 것이 중요해요. 왜냐하면 여러분이 생각하고 느끼는 모든 것의 결과물이 바로 대사이고, 대사가 관객에게 영향을 미치기 때문이에요. 대사는 수정처럼 깨끗하고 톤의 균형을 갖춰야 해요. 물론 배우의 소리가 총체적일수록 더 큰 확신을 주고 관객을 더 끌어당기지만, 이 균형은 절대적으로 필요해요.

궁극적으로 목소리를 고유하게 만드는 것은 정신과 신체의 유기적인 연결이에요. 목소리는 여러분이 생각하고 느끼는 것을 반영할 만큼 충분히 자유롭고 반응력이 있어야 해요. 이는 여러분이 소통해야 할 대사만큼 흥미롭고, 항상 관객을 깜짝 놀라게 할 수 있어야 해요. 주목할 만한 것을 주목하게 만드는 것, 그것이 바로 목소리의 임무예요.

이완과 호흡

1. 바닥에 누워 등이 가능한 한 넓어지는 걸 느껴요. 즉, 어깨와 등이 넓어지고 머리는 척추에서부터 길어져요. 바닥으로 가라앉는 느낌이 아니라 오히려 바닥에서 넓어지는 느낌이에요.
  어깨, 목, 팔이 자유로워 관절들이 느슨해지게 하고, 누르지 말아요.

2. 두 손을 갈비뼈 양 측면, 흉곽의 가장 넓은 곳에 둬요.
ⓐ 호흡을 마신 뒤 한숨으로 뱉으며 모든 공기를 내보내요. 그리고 갈비뼈 사이의 근육이 움직여야 하는 필요를 느낄 때까지 기다린 뒤, 갈비뼈 옆과 뒤가 넓어지는 것을 느끼며 천천히 들숨을 채워요. 흉곽 맨 위가 들리지 않게 해요. 이를 두, 세 번 반복해요.
ⓑ 호흡을 마신 뒤 천천히 10 카운트 동안 호흡을 뱉어요. 갈비뼈 사이의 근육들이 호흡을 조절하는 것에 관심을 둬요. 카운트를 15까지 늘리고, 그 뒤 20까지 늘려요.
ⓒ 몸이 둥글게 부풀도록 호흡을 마셔요. 한 손을 횡격막에 두고, 거기에서부터 한숨을 뱉어요. 두, 세 번 해요. 부드럽지만 분명하게 뱉으며 호흡이 어디서 시작하는지 느껴요. 그러고 난 다음 작은 소리로 /어/를 해요. 드럼을 치듯 소리를 내보내요. 그 뒤 좀 더 긴 소리로 /아/, /예/, /야/. 호흡과 소리를 연결해요.
ⓓ 호흡을 마셔서 갈비뼈가 열리게 해요. 한 손을 횡격막에 두고 한숨으로 뱉는데 활짝 열린 목을 통해 호흡이 쉽게 나가게 해요. 그러고 난 다음 다시 들숨을 채우고 소리 내어 여섯까지 숫자를 세요. 자기가 잘 아는 대사를 사용해서 이 연습을 이어가는데, 매 들숨마다 호흡이 아래로 깊

이 내려와 호흡이 소리를 시작하게 하세요. 소리의 근원을 호흡에 두어요.

어깨와 목의 자유로움을 계속 확인해요.

3. 앉거나 서서 하는데, 먼저 바른 자세를 취하고 등이 넓어지고 길어지게 해요.

머리
앞으로 떨어뜨린 뒤 뒷목의 근육이 머리를 끌어올리는 것을 느끼며 천천히 들어 올려요.
뒤로 떨어뜨린 뒤 들어 올려요.
옆으로 떨어뜨려 스트레칭하고 들어 올려요. (양쪽 다.)
고개를 최대한 크게 원으로 돌려요.
뒷목을 가볍게 긴장시켜요. 그리고 이완해요. 그 차이를 느껴봐요.
고개를 바로 세운 자세에서 부드럽게 고개를 끄덕이며 뒷목 근육을 놓아주고 있는 걸 느껴요.
목 움직임의 자유로운 감각을 얻기 위해 머리를 아주 작게 원으로 돌려요. 머리를 안 움직일 수도 있어요. 그러나 고정시키긴 마세요.

어깨
어깨를 들어 올린 뒤 부드럽게 떨어뜨려요. 떨어질 때 느낌이 어때요?

4.

ⓐ 양손을 가능한 이완한 채 머리 뒤에 얹고, 호흡을 마신 뒤 한숨으로 뱉어요. 갈비뼈가 움직여야 할 필요를 느낄 때까지 기다린 뒤 갈비뼈가 넓어지며 호흡이 들어오게 해요. 이렇게 두, 세 번 반복해요. 이 연습이 흉곽을 열어줘요.

ⓑ 두 손을 내리거나 양쪽 갈비뼈 옆에 둬요. 호흡을 가득 마시고 갈비뼈 사이의 근육이 호흡을 조절하는 걸 느끼며, 천천히 10, 15, 20 카운트 동안 호흡을 뱉어요.

ⓒ 호흡을 마신 뒤 호흡과 소리가 하나된 것을 느끼며 횡격막에서부터 /어/를 소리내요. 그 뒤 더 긴 소리로 /아/, /야/를 해요. 소리가 중심에서 호흡과 연결된다고 느낄 때 그 호흡으로 텍스트 몇 줄을 해요.

윗가슴, 목, 어깨를 항상 자유롭게 둬요.

텍스트를 말할 때는 호흡이 횡격막까지 내려와서 톤이 거기서부터 방해 없이 나와야 돼요. 그래야 흉곽이 공명에 기여할 수 있어요. 목은 완전히 자유로워야 해요. 중요한 건 근육, 즉 갈비뼈 사이의 근육들과 횡격막이 일하는 걸 느끼는 거예요. 왜냐하면 이 근육들의 에너지가 바로 목소리에 근본substance을 주기 때문이에요. 물론, 지금은 근육 움직임을 자각하기 위한 목적으로 움직임을 크게 쓰고 있어요. 궁극적으로 호흡은 매끄럽고 경제적이어야 해요. 하지만 말을 멀리 보내는 데 필요한 '큰 에너지'the extra energy는 이렇듯 목소리를 총체적으로 사용하는 데에서 나와야 해요. 그래야 여러분이 내적 섬세함과 친밀함을 유지하며 목소리를 충분히 크게 사용할 수 있어요.

근육성

1. 본 프랍을 끼고 혀와 입술 근육을 연습해요.

허끝

ⓐ

라	라	라	라
라라	라라	라라	라라
라라라	라라라	라라라	라라라

매번 혀가 바닥으로 내려와야 해요.

ⓑ

테테테	테테테	테테테	타
데데데	데데데	데데데	다
떼떼떼	떼떼떼	떼떼떼	따
네네네	네네네	네네네	나

허 뒤

ⓒ

케케케	케케케	케케케	카
게게게	게게게	게게게	가
께께께	께께께	께께께	까
케케케	테테테		
게게게	데데데		

입술

ⓓ

페페페	페페페	페페페	파
베베베	베베베	베베베	바

뻬뻬뻬   뻬뻬뻬   뻬뻬뻬   빠

메메메   메메메   메메메   마

메메메   네네네   – 콧소리가 섞이지 않게

혀와 입술을 분명히 눌러 여러분이 그 근육을 확실히 인식해야 해요. 그래야 이것이 공명에 기여하고, 공명에 새로운 차원을 더해줘요.

e

야:	우:		
야:	워	우:	
야:	워	우:	요
마:	뭐	무:	묘
파:	풔	푸:	표
바:	붜	부:	뵤
빠:	뿨	뿌:	뽀

혀 앞

혀 뒤의 이완을 계속 유지하며 해요.

f

야:	이:		
야:	어	이:	
야:	어	이:	야
탸:	터	티:	탸
댜:	더	디:	댜
따:	떠	띠:	땨
냐:	너	니:	냐

각 모음마다 고유한 혀의 움직임 즉 서로 다른 높이, 위치, 모양을 느껴
요.

g

여	야
려	랴
텨	탸
뎌	댜
뗘	땨

혀가 아래로 내려가는 움직임을 느껴요.

h 본 프랍 없이 입술과 혀의 진동을 느끼며 여러 번 소리 내요.

ㅂㅂㅂㅂㅂㅂㅂ

ㄷㄷㄷㄷㄷㄷㄷ

이 모든 연습에서 빠르게 하는 건 중요하지 않아요. 본질은 근육 움직임
을 분명하게 쓰는 것과, 자음의 진동을 자각하는 거예요. 왜냐하면 톤은
말이 형성되는 곳에서 나와야 하기 때문이에요. 이 근육적인 분명함이
대사를 객석으로 보내고 말을 전달하는 신체적인 바탕이 되어요. 목소리
는 횡격막에서 시작되어 말로 전환되는 과정까지 방해받지 않아야 하고,
입술과 혀가 보내야 해요. 이것이 힘들지 않아야 하고 목에 긴장을 주지
말아야 해요.

2. 목을 열기, 본 프랍 없이

ⓐ 턱을 떨어뜨리고, 혀와 목을 이완해 구강이 열린 것을 느껴요. 혀를 연구개 뒤쪽으로 눌러 혀와 연구개가 긴장되는 걸 느끼며 /게게게/를 아주 강하게 말해 혀 뒤와 연구개가 일하게 해요. 그리고 난 뒤 다시 소리 내는데 혀가 떨어지게 해 혀와 연구개의 이완을 느껴요. 이렇게 하면서 여러분은 긴장과 이완을 둘 다 이해할 수 있어요.

ⓑ 이렇게 반복해요:

> 게게게 – 구강 뒤에서 연구개와 혀를 긴장시켜
> 게게게 – 연구개와 혀를 서로 떨어뜨리며

소리의 차이를 들어봐요:

> 게게게 – 긴장해서
> 게게게 – 이완해서
> 아 – 혀를 내리고 구강을 열어서

그런 다음 이완된 혀와 연구개로:

> 게게게 – 아
> 게게게 – 예
> 게게게 – 야

자음을 분명하게 내고 모음은 열어요.

ⓒ 그런 다음 호흡을 충분히 마셔서 '예'와 '야'로 노래해요. 소리가 횡격막에서 시작하도록 해요.

이를 반복하는데 두 팔과 머리를 사용해서 한쪽에서 다른 한쪽으로 흔들어swing down 보내요. 매번 머리를 완전히 떨어뜨려요.

3. 서서 텍스트를 해요. 모든 연습 즉, 호흡, 이완, 근육성을 다 적용해서 작업해요.

부록

부록 1 ▌ 훈련 색인

부록 2 ▌ 훈련 시간 및 제안

1. 훈련 시간

(1) 직업 배우

여기서 직업 배우는 항상 한 작품 이상을 하고 있어 리허설이나 공연(또는 촬영)이 매일 있는 배우를 말합니다. 직업 배우에게 필요한 목소리 훈련 시간은 하루 15-20분입니다. 여기에 더해 주 1회 이상, 목소리의 모든 영역을 1-2시간에 걸쳐 훈련한다면 목소리 훈련은 그것으로 충분하다는 것이 시실리 베리의 견해입니다. 단, 개인의 약점을 보완해야 하거나 작품이나 캐릭터가 특별한 목소리 능력을 요구한다면 이는 별도의 시간을 요구합니다.

(2) 연기 전공생 또는 배우 지망생

시실리 베리는 주로 직업 배우들과 작업하기 때문에 이 경우를 언급하지 않습니다. 그래서 이 부분은 저의 의견으로 갈음하겠습니다. 연기 전공생이나 배우 지망생도 수업이나 워크샵의 형태로 작품이나 장면 연기를 매일 준비하는 경우가 있을 겁니다. 그런 경우라면, 저의 의견은, 위에 직업 배우의 예를 따르면 됩니다. 그러나 그런 경우가 아니라면, 저는, 텍스트를 포함하여 하루 45분의 훈련을 매일 하고 목소리 수업을 정기적으로 받을 것을 권합니다.

2. 책을 사용한 훈련 제안

아래의 훈련 제안은, 번역자의 제안입니다. 당연히, 시실리 베리의 조언 만큼 권위를 부여할 필요가 없습니다. 훈련의 구조를 조망하는 정도로만 사용 해도 된다고 생각합니다.

(1) 15-20분의 일일 훈련을 위한 준비

시실리 베리는 이완과 호흡, 그리고 근육성의 두 영역을 매일 훈련할 것을 요구하는데 그 안에 들어와야 할 내용은 훈련 색인을 기준으로 아래와 같습니다.

– 목소리 준비 작업	44–56
– 동적인 연습	56–58
– 연구개 깨우기	75–76
– 성문음 해결	76
– 근육성 기본 연습	93–109
– 근육성 심화 연습	114–123
– 콧소리 해결하기	125

처음에는 이 훈련들을 하나씩, 차분히 해보며 그 내용을 익히고 훈련에 자신이 생기면 자신의 필요에 맞게 15-20분 분량으로 정리해서 사용하면 됩니다. 59-60쪽의 2인 연습을 여기에 적용할 수 있는데 함께 할 동료가 있다면 훈련의 효과는 더욱 커질 수 있습니다.

(2) 텍스트 말하기

시실리 베리는, 언어를 사용하는 연습이 배우를 위한 가장 뛰어난 목소리 훈련이기 때문에, 훈련 첫날부터 텍스트 말하기를 시작할 것을 조언합니다. 그런데 이 책의 훈련 대부분이 텍스트 말하기를 다루고 있어 '무엇이 텍스트 말하기 연습이다'라고 주장하기는 너무 무색합니다. 아래의 제안은 텍스트 훈련의 출발점을 제안한 것으로 보시면 좋겠습니다.

– 동적인 연습	56–58
– 텍스트 말하기	59–68

텍스트와 근육성 연습에 번호를 매겼는데 이 숫자들은 구분의 목적일 뿐 훈련 순서가 아닙니다. 기본 연습과 심화 연습을 통해 근육성에 익숙해졌다면 텍스트를 사용한 근육성 연습은 자신의 필요에 따라, 자유롭게, 선택하면 됩니다. 시 말하기와 듣기는 훈련 첫날부터 시작하는 것이 가장 좋습니다. 어떤 텍스트를 하든 첫날부터 텍스트 말하기를 시작하세요.

텍스트 훈련에는 시간을 얼마든지 써도 좋습니다. "텍스트는 하루에 10시간 이상 해도 좋다"라는 것이 시실리 베리의 조언입니다. 또한 언어 감수성을 키우는 목적으로 텍스트를 한다면 45분마다 텍스트를 바꾸고, 매번 다른 텍스트를 하라고 조언합니다.

(3) 목소리 능력 심화하기

여러 매체와 극장을 넘나들며 다양한 스타일의 대본을 연기하되 배우의 목소리가 언제나 등장인물의 진실을 전달하려면 목소리 표현의 폭이 넓어야 합니다. 이를 위해 아래의 훈련들을 추가할 수 있습니다. 이 훈련들은 대부분 텍스트 말하기와 연동되어 있기 때문에 (1), (2)의 훈련을 실기적으로 다 이해한 뒤에 시작하는 것이 좋습니다. '텍스트 말하기' 또는 '목소리 훈련 총연습' 때 이런 연습을 적극적으로 시도하는 것은 매우 좋습니다.

총체적인 목소리는 훈련의 특성상 이전의 다른 연습들을 충분히 익히고 난 뒤에 하는 것이 가장 효과적입니다.

(4) 언어 감수성 훈련

언어 감수성은, 대본의 언어를 듣는 연습을 말합니다. 언어 감수성이 뛰어날수록 대사 말하기의 능력이 올라갑니다.

- 시 말하기
- 듣기

시 말하기 훈련을 위해, 저는 한 시인의 시만 들어 있는 독시집보다 많은 시인들의 시가 들어 있는 시선집을 구해서 하루에 시 한 편씩 하는 것을 추천합니다. 시인마다 시작 스타일이 다르기 때문에 이를 통해 매일 다른 스타일을 만날 수 있습니다. 그러나 시만 하지 마시고 소설, 희곡, 시나리오, 연설문 등 여러 가지 텍스트를 사용하세요. 중요한 건 시를 많이 읽는 것이라기보다 다양한 스타일의 텍스트를 다루는 것입니다.[103]

---

103 이 책은 주로 시를 사용한 언어 감수성 훈련을 소개하였는데 대본에 대한 훈련은 아래의 책들에서 상세히 다루고 있다.

    『말에서 연극으로』, 시실리 베리 저, 도서출판 동인

    The Actor and the Text, Cicely Berry, Applause

    Text in Action, Cicely Berry, Virgin

(5) 연기와 관련하여 목소리의 제반 문제 해결하기

7장은 직업 배우를 대상으로 합니다. 번역자의 개인적인 생각은, 7년 이상의 현장 경력을 가진 배우들이 7장의 이슈들을 쉽게 이해하는 것 같습니다. 그러나 꾸준한 훈련으로 극복될 수 있는 문제이기 때문에 연기 경험이 적은 독자라 해도 염려할 필요는 없습니다. 2장에서 6장까지의 훈련들을 꾸준히 하면 이해의 토대가 서서히 형성될 것입니다.

(6) 목소리 문제의 해결

어떤 배우들은 특별히 고안된 훈련이 필요한 목소리 문제를 갖고 있고, 이 책은 그런 문제들을 상당 부분 도와줄 수 있습니다. 그러나 그 목적으로 이 책을 사용하려면 책의 모든 훈련을 실기적으로 다 이해해야 합니다. 그렇게 할 만큼 시간 여유가 충분하지 않은 분이라면 전문가 또는 목소리를 잘 아는 누군가와 함께 작업하셔야 합니다. 그리고 이 책은 목소리의 병리적인 문제를 다루고 있지 않습니다. 의사의 도움이 필요한 분은 반드시 병원에 가셔야 합니다.

부록 3 ┃ 근육성 연습 전체 루틴

여기에 3장의 근육성 연습 훈련에서 설명을 생략한 버전을 실었습니다. 우선 본문의 설명을 참조하여 충분히 반복 연습하세요. 자모의 개별적인 움직임을 충분히 익힌 뒤에 아래 루틴을 사용하시는 것이 좋습니다.

근육성 연습에 쓰는 시간은 목적에 따라 달라집니다. 공연이나 리허설을 위한 웜업이라면 5분, 자음과 모음의 근육 움직임을 세세하게 확인하는 목적이라면 15-20분, 발음이나 조음 근육의 약점을 극복하기 위한 훈련이라면 30-45분. 웜업을 제외하면, 나머지 훈련 시간은 유동적일 수 있습니다. 가령, 3장의 내용을 다 이해하지 못했고, 근육 움직임을 확인하기 위해 본문을 수시로 참조해야 한다면 훈련 시간을 더 쓰는 것이 좋습니다.

• 자음

혀 자음

ㄹ   혀끝이 윗잇몸을 튕기는 곳에서 ㄹ 진동을 느끼고,
      그다음에 재빠르게 모음으로 연결한다

라	라	라
라라	라라	라라
라라라	라라라	라라라

ㅌ   혀끝을 경구개에 대고 혀를 뗄 때 공기가 분출되는 것을 인식한다.
      자음을 잡고 있을 때 호흡이 나가지 않게 한다.

<pre>
      타   타   타   타
   테테테   테테테   테테테   테테테
</pre>

ㄷ 혀와 잇몸의 진동. 또한 거기서 새어 나가는 작은 호흡의 마찰이 있다.

<pre>
      다   다   다   다
   데데데   데데데   데데데   데데데
</pre>

ㄸ ㄷ보다 더 큰 압력이 더 강한 진동을 만든다.

<pre>
      따   따   따   따
   떼떼떼   떼떼떼   떼떼떼   떼떼떼
</pre>

ㄴ 연구개가 내려와 소리가 코로 지나가는 것을 허락한다.

<pre>
      나   나   나   나
   네네네   네네네   네네네   네네네
</pre>

혀 뒤 연구개가 느슨하면 톤과 말은 두껍게 되고 소리가 앞으로 나가기
      어렵다.

<pre>
   케케케   케케케   케케케   카
   게게게   게게게   게게게   가
   께께께   께께께   께께께   까
</pre>

조여서	게	조여서	ㅇ
풀어서	게	풀어서	ㅇ
많이 열어	아	열어서	ㅏ
조여서	게	조여서	ㅇ
풀어서	게	풀어서	ㅇ
많이 열어	예	열어서	예

입술 자음

ㅍ   입술 전체를 함께 눌러 서로 닿게 하고 압력을 느끼며

파

페페페   페페페   페페페   파

ㅂ   입술을 모아 놓고 그곳에서 진동의 가능성을 느낀다.

바

베베베   베베베   베베베   바

ㅃ   두 입술을 붙인 상태에서 ㅂ보다 압력을 더 쓴다.

뻬뻬뻬   뻬뻬뻬   뻬뻬뻬   빠

ㅁ   연구개가 내려와 비음을 내지만 콧소리가 모음으로 들어가지 않아야 한다.

마

메메메　메메메　메메메　마

메메메　베베베　메메메　베베베

• 모음

입술 모음

ㅏ: ㅜ:

ㅏ: ㅗ: ㅜ:　　　　입술을 둥글게, ㅜ에서 소리가 뒤로 가지 않게

ㅏ: ㅗ: ㅝ ㅜ:

마: 모: 뭐 무:

파: 포: 풔 푸:　　　모음과 자음의 움직임에 주의하고,

바: 보: 붜 부:　　　모음이 앞으로 나아가게 한다

라: 로: 뤄 루:

ㅛ　ㅘ　　　　　　혀와 입술의 움직임 순서 차이

묘　뫄

표　퐈

뵤　봐

혀 모음

ㅏ: ㅣ:

ㅏ: ㅔ ㅣ:

ㅏ: ㅔ ㅣ: ㅑ

라: 레 리: 랴

타: 테 티: 탸   자음이 모음을 앞으로 보낸다.

다: 데 디: 댜

본 프랍 없이

에이   아이   혓날의 움직임

레이   라이

ㅕ ㅖ

텨 톄   혀 가운데 부분의 움직임 비교

뎌 뎨

(본 프랍 없이) 입술, 혀, 입 앞쪽의 진동을 느끼라.

베베베베베베베

데데데데데데데

메메메메메메메

네네네네네네네

대사에 적용할 때

1. 본 프랍을 끼고 대사를 천천히 읽으며 자모의 완벽한 움직임을 인지한다. 각 움직임이 어떻게 연결되는지. 코르크 때문에 내기 어려운 소리가 있겠지만 분명하게 말하려고 든다.
2. 본 프랍 없이, 그러나 천천히, 모든 근육 움직임을 따라간다. 턱을 완전히 이완해서 읽는다. 처음에는 턱을 긴장하지 않은 채 최대한 크게 열고 시작한 다음 서서히 보통 상태의 턱 열림으로 줄인다.
3. 입 주위에 두 손을 모아 메가폰인 것처럼 사용하여 텍스트의 한 부분을 말한다.
4. 근육 움직임을 과장하지 않은 채 대사의 의미에 초점을 두며 읽는다. 의미를 생각하며 자음과 모음의 에너지는 유지한다.
5. 호흡과 연결해서 읽는다.

● 심화

1. ㅜ: ㅜ   ㅝ

루: 루   뤄
푸: 푸   풔
부: 부   붜
뿌: 뿌   뿨

2. ㅗ: ㅗ ㅘ

   포: 포 퐈
   보: 보 봐
   뽀: 뽀 뾰

3. ㅛ

   표 뵤 뾰

4. ㅏ: - ㅓ - ㅐ - ㅔ - ㅖ - ㅣ - ㅣ: - ㅑ

   라: 러 래 레 례 리 리: 랴
   타: 터 태 테 톄 티 티: 탸
   다: 더 대 데 뎨 디 디: 댜
   따: 떠 때 떼 뗴 띠 띠: 땨
   나: 너 내 네 녜 니 니: 냐
   파: 퍼 패 페 폐 피 피: 퍄
   바: 버 배 베 볘 비 비: 뱌
   빠: 뻐 빼 뻬 뼸 삐 삐: 뺘
   마: 머 매 메 며 미 미: 먀
   카: 커 캐 케 켸 키 키: 캬
   가: 거 개 게 계 기 기: 갸
   까: 꺼 깨 께 꼐 끼 끼: 꺄

초성 자음과 종성 자음의 에너지 차이

혀 자음	투:	튀	토	타:	텨	티
	두:	뒤	도	다:	뎌	디
	뚜:	뛰	또	따:	뗘	띠
	누:	뉘	노	나:	녀	니

입술 자음	푸:	퓌	포	파:	펴	피
	부:	뷔	보	바:	벼	비
	뿌:	쀠	뽀	빠:	뼈	삐
	무:	뮈	모	마:	며	미

연구개 자음	쿠:	퀴	코	카:	켜	키
	구:	귀	고	가:	겨	기
	꾸:	뀌	꼬	까:	껴	끼

종성 연습 : 소리를 닫는 받침과 지속하는 받침 간의 차이 듣기

울: 웃:
웜: 웝:
앙: 악:
인: 잇: (잊:)

받침 연습은 모음을 부드럽고 풍부하게 내는 데 도움을 준다

'받침 자음과 타이밍', '무성 자음과 모음의 조합'은 본문이 이미 연습 중심으로 되어 있어 생략하였습니다. 이 부분은 본문을 참조하시기 바랍니다.

부록 4 ▌ 시실리 베리와의 인터뷰

2012년 1월 11일부터 2월 22일까지 RSC극장, 시실리 베리 자택, 더티 덕The dirty duck104 등에서 시실리 베리와 나눈 대화 중 이 책과 관련된 내용을 정리 했습니다. 이 책을 활용해 발성 및 텍스트 작업을 해 보고 싶은 분들에게 참고가 될 것입니다.

보이스 워크voice work에 관하여

이상욱   지난번에 제가 목소리 준비 작업voice preparation work을 얼마나 하는 것이 좋겠냐고 여쭤봤을 때 30분은 많다고 하셨습니다. 그리고 30분을 하려면 반드시 텍스트 작업을 포함해야 한다고 하셨고요. 하지만, 제가 학생들을 지도해 보면 30분의 준비 작업으로는 실제 목소리까지 바뀌지 않는 경우도 있었습니다.

시실리 베리   그렇죠. 소리가 바뀌는 데에는 시간이 걸릴 수 있어요. 그런 작업을 할 때에는 인내심을 가져야 해요.

이상욱   어떤 학생과 10번의 보이스 세션voice session105을 가졌습니다. 그 학생은 훈련의 모든 걸 다 이해했고, 준비 작업을 하고 나면 소리가 확실히 달라집니다. 그러나 아직 공명이나 목소리가 충분히 강하진 않아요. 이런 경우에도 30분의 작업이 충분할까요?

시실리 베리   물론이죠. 근데, 이 부분은 저도 명확하게 해야 할 것 같군요. 배우

---

104 스완 극장 맞은 편의 펍
105 한 번의 세션은 한 회의 수업 혹은 한 회의 음성 훈련

들은 일주일에 1, 2시간 정도 소요되는 보이스 세션을 매주 한 번씩 갖는 게 좋아요. 그래야 총체적인 호흡의 시스템을 경험하고 이를 대사에 적용할 수 있고 여기에 익숙해지게 돼요. 하지만 개인적인 연습은 하루 30분이면 충분합니다. 혼자서 훈련하는 배우도 일주일에 한 번은 2시간에 걸친 총 훈련을 가져야 합니다. 각 과정을 충분히 이해하면서요.

이상욱   1999년과 2000년 한국에서 워크샵을 할 당시, 처음 며칠 동안은 하루 종일 음성 훈련만 하다 점점 줄이며 텍스트의 비중을 높였다고 들었습니다.

시실리 베리   아뇨, 내가 그렇게 했을 것 같진 않아요. 물론, 매일 풀 보이스 세션full voice session을 가졌지만 항상 텍스트로 들어갔을 거예요.

이상욱   첫날부터요?

시실리 베리   첫날부터요. 저는 언제나 첫날부터 텍스트를 작업해요. 중요한 건 목소리를 사용하는 데 익숙해지는 거예요. 그래서 텍스트를 말하는 것에 관심을 두는 거고요. 혼자서는 목소리 훈련을 굉장히 잘하는데 말할 때 혹은 연기할 때 이를 사용하지 않는 배우도 있어요. 배우로 하여금 텍스트에 대해 자신감을 갖게 해줘야 해요. 만약에, 목소리가 중심center에서 나온다면 그건 자기 목소리예요. 이 목소리를 편안하게 느끼고, 이 호흡이 수월해지도록 하는 게 중요해요.

이상욱   목소리 준비 작업에서는 '앉아 연결하기'sitting down in the voice가 핵심이라고 정리해도 될까요?

시실리 베리   네.

이상욱   음성 훈련을 하다 보면 중심의 위치에 대한 느낌이 계속 변하는 것 같습니다. 어떨 땐 명치, 어떨 땐 미추, 어떨 땐 복부....

시실리 베리 　그런 건 너무 염려 말아요. 중심이 흉곽까지 올라가게 되면 너무 높고, 횡격막을 느낄 수 있는 아랫배에 두는 것이 좋아요. 저는 종종 배우로 하여금 바닥에 앉아 저에게 기대라고 해요. 그러면서 자신의 몸무게를 바닥에서 느끼라고 하죠. 배우의 한 손을 횡격막에 두게 하고, 호흡을 마신 뒤 몸무게를 느끼며 소리 내게 해요. [f], [v], /후우/, /허우/, /호우/, /하아/. 깊은 호흡에 연결해서, 가슴 공명을 써서. 그리고 손을 바닥에 대고 바운스 하면서 다시 해보도록 해요. /하아/, 그러면 몸 아래에서 진동이 느껴져요. 거기가 소리가 나오는 곳이에요. 그다음엔 한 호흡에 /후우/를 조금 길게 해봐요. 여전히 제게 기대서 길게 /후우/, /후우/, /후우/. 그러면서 소리가 중심에서 나오는 데 익숙해지는 거예요. 이게 핵심이에요.

이상욱 　어떤 보이스 프랙티셔너voice practitioner[106]는 음성 훈련 영역을 세분화시켜 훈련합니다. 부비강, 비강, 두성....

시실리 베리 　예. 모두 다 중요해요. 하지만 제일 중요한 건 호흡이 제 위치에 가는 거예요. 그리고 난 다음에 더 하는 거죠. 또 하나 중요한 건 근육성이에요. 언어의 근육성이 객석 끝까지 소리를 전달하게 해주는데 이건 볼륨보다 더 중요해요.

이상욱 　학생들을 가르치다 보면, 가끔씩 중심 연결을 이해하지 못하는 경우가 있어요. 전, 호흡에 관여하는 근육이 약해서 생기는 문제라고 이해합니다.

시실리 베리 　그렇죠, 그러나 제 생각엔 중심 연결을 이해하는 데에는 시간이 필

106 　목소리 실기자의 명칭. 보이스 티처voice teacher나 보이스 코치voice coach라고 부르기도 한다.

요한 것 같아요. '앉아 연결하기'sitting down in the voice 같은 훈련을 할 때에는 차분히 해야 해요. 여유 있는 태도가 필요하죠. 그게 익숙해진 다음에 일어서서 연결하는 거예요.

이상욱   어떤 학생들은 중심 연결이라는 말을 낯설어 합니다. 이를 쉽게 설명할 수 있는 방법이 있을까요?

시실리 베리   호흡을 깊이 마시라고 해요.

이상욱   아래 갈비뼈 호흡을 연습하다 보면 10 카운트를 채우지 못하는 학생들도 있습니다. 또 어떤 학생들은 아래 갈비뼈 호흡 연습을 매우 힘들어하고요.

시실리 베리   보통 여자들이 더 힘들어 하죠. 중요한 건, 갈비뼈의 호흡 능력을 최대한 열어주는 거예요. 완벽하게 해냈는지는 그렇게 중요하지 않아요. 갈비뼈 호흡을 통해 갈비뼈 근육을 최대한 사용하려 들고 그것을 통해 갈비뼈 공명이 소리에 부가되는 것이 갈비뼈 호흡이에요. 갈비뼈를 쓰는 것, 그래서 갈비뼈 근육을 강화시켜 주는 것, 공명이 더해지는 것, 그것이 요지예요.

이상욱   시를 사용한 호흡 연습에서 두 줄마다 호흡하라고 하셨습니다.

시실리 베리   그 이유는 생각이 끝나는 지점까지 호흡을 이으려는 거예요. 이건 훈련에 관한 이슈예요. 긴 생각을 갖는 대사에서 가끔 배우가 짧고 빠른 호흡으로 보충하는 걸 볼 수 있는데, 그러지 않고 생각의 끝까지 도달하려는 거예요. 두 줄씩 마시면서도 호흡이 깊은 곳까지 도달할 수 있어야 해요.

이상욱   '짧게 뱉는 호흡'107을 연습함으로 이를 촉진할 수 있다는 건 어떤

---

107 목소리 준비 작업에서 호흡을 마시기 전에 짧게 호흡을 뱉고 시작하는 것. 2장 참조

의미입니까?

시실리 베리   깊은 호흡을 빠르게, 그리고 충분히 마시는 연습이에요. 배우는 짧은 시간을 쓰고도 깊은 호흡을 충분히 마실 수 있어야 해요. 이를 확인하면서 계속 연습해 봐요. 현대적인 텍스트를 연기하는 배우도 이런 훈련이 필요해요. 공명 있는 소리가 사람을 끌어당겨요. 이를 항상 기억해야 해요. 목소리는 사람들로 하여금 듣게 만들 수 있어요. 배우가 공명을 개발해야, 고전 희곡이든, 현대 희곡이든, 작업하는 게 수월해져요.

이상욱   큰 공간에서는 목소리를 긴장하지 않으며 음성 에너지를 강하게 사용할 수 있어야 하는데, 이런 훈련을 어떻게 하면 좋을까요?

시실리 베리   우리108는 극장 리허설을 할 때 반드시 풀 보이스 세션full voice session을 가져요. 왜냐하면 (연습 때와) 연극을 보여주는 방식이 달라지기 때문이죠. 무대 세트도 달라졌고 소리 내는 게 달라져야 해요. 배우들이 모여서 훈련을 함께 하는데, 대사도 함께 해봐요. 이때는 다른 작품의 대사를 사용해도 상관없어요. 그러면서 얼마만한 압력을 써야 소리가 전달되는지, 근육성이 얼마나 요구되는지, 그 공간에 익숙해지는 거예요. 이렇게 함으로써 배우들은 공간과, 그 공간 안에서 자기 목소리를 발견하게 돼요.

이상욱   근육성muscularity을 훈련할 때에는 근육을 크게 쓰라고 말씀하시잖아요?

시실리 베리   그건 근육에 대한 연습이니까요. 일상적인 말하기 훈련을 그렇게 하지는 않겠죠. 근육성 연습에서 근육을 과장하듯 크게 쓰는 이유는, 말하는 데 사용하는 근육을 느끼고 그 근육을 사용해 소리를

---

108   로열 셰익스피어 컴퍼니

보내주기 위한 거예요. 소리를 키우지 말고, 압력을 키워서 해요. 이때 한 손을 자기 흉골에 얹어 그곳의 진동을 확인하고, 입술 주변의 진동을 확인해보며 하는 것도 좋아요.109

이상욱   목소리가 약한 학생들이나 음성 훈련 초보자들은 아무래도 이런 훈련에 더 많은 시간을 할애해야 할 것 같은데요?

시실리 베리   아뇨, 만약에 음성 훈련을 너무 많이 하게 되면 배우는 지금 뭘, 왜 하는지 모르게 될 수 있어요. 다만 처음에 연습 루틴을 익힐 때는, 익숙해질 수 있도록 시간을 더 쓸 수 있겠죠. 그러나 아무리 초보자라 해도 목소리 준비 작업 루틴을 다 배우는 건 3시간이면 충분해요. 그리고 매일 하는 음성 훈련이 30분이라면, 호흡과 이완 10분, 근육성 훈련 10분, 텍스트 작업 10분 이렇게 하는 게 좋아요.

이상욱   『배우와 목소리』에서 영시를 많이 제시하셨어요. 이 시들도 셰익스피어 희곡처럼 특정 형식을 취하는 시인가요?110

시실리 베리   아니요. 그러나 시마다 리듬이 있어요. 운문과는 다르지만 그래도 리듬이 다양하게 나타나죠. 이게 중요한데, 배우는 다양한 리듬의 텍스트를 사용해도 그 안에서 자유를 얻을 수 있어야 해요. 제가 외국에서 번역본 셰익스피어로 사용해서 워크샵을 할 때에는, 주로 배우에게 자신이 좋아하는 번역을 선택하라고 해요. 셰익스피어 희곡에도 여러 가지 번역본이 있잖아요. 그런데, 오래된 번역을 사용

---

109   시실리 베리는 흉골 윗부분과 입술 주변의 진동을 말하는 목소리에서 가장 중요한 공명으로 본다.

110   영문 셰익스피어 희곡은 약강오보격iambic pentameter이라는 정형율을 사용한다. 이는 각 행이 약음절과 강음절이 다섯 번 반복되는 규칙을 갖는데 이를 무운시blank verse라고도 한다.

한 배우일수록 더 좋은 결과가 나왔어요. 그 이유는 오래된 것일수록 시적으로 번역되었기 때문인데 시는 리듬 훈련에 좋아요. 따라서 가급적 다양한 시를 해보는 게 중요해요. 그리고 이 책에 나오는 시를 번역하는 것보다는 한국어에 적절한 걸 다시 찾는 게 좋아요. 그 시들은 번역이 불가능해요. 어떤 현대시들은 번역이 가능하죠. 그러나 이 책에 나오는 시들은 그렇지 않아요. 그 시를 번역하지 말고 한국어에 맞는 것을 찾으세요.

보이스 프랙티셔너 voice practitioner 에 관해서

이상욱   2주 전에 RSC의 이번 시즌 작품 <심비에 새긴>Written in the Heart 을 보았습니다. 셰익스피어 희곡과는 달리 산문으로 되어 있던데, 이런 작품에서도 보이스 프랙티셔너가 함께 작업합니까?

시실리 베리   그럼요. (RSC의) 모든 작품엔 보이스 프랙티셔너가 함께해요.

이상욱   그럼 운문 드라마가 아닌 산문 드라마에서는 보이스 프랙티셔너가 하는 일이 줄어듭니까?

시실리 베리   그렇진 않아요. 어떨 땐 산문이 훨씬 더 어려울 수 있어요.

이상욱   산문을 작업할 때 보이스 프랙티셔너는 어떤 것을 중요시 여깁니까?

시실리 베리   언어의 리듬, 이러한 리듬이 시적이진 않지만... 대사의 프레이징, 프레이징의 리듬....

이상욱   그럼, 베케트 같은 작품처럼 대사가 간결한 경우는 어떻게 합니까?

시실리 베리	베케트 희곡의 경우, 프레이즈는 간결하지만 매우 뛰어나요. 프레이징과 프레이징의 리듬을 통해 캐릭터의 사고thought가 드러날 수 있게 되어 있거든요.
이상욱	베케트가 처음에 희곡을 쓸 때부터 그런 걸 고려했다고 보십니까?
시실리 베리	저는 작가들이 희곡을 쓸 때 그런 것을 염두에 둔다고 봐요. 베케트의 경우에는 등장인물의 캐릭터가 바로 대사language예요.
이상욱	하지만 다른 희곡에서도 대사words는 곧 캐릭터가 되지 않습니까?
시실리 베리	그렇죠. 가령, 버나드 쇼의 작품을 보면, 쇼의 작품을 읽어봤나요?
이상욱	번역본으로 읽었습니다.
시실리 베리	아, 네. 근데, 영어로 읽어보면, 쇼의 희곡에서는 언어의 리듬이 바로 유머가 돼요. 만약에 영어로 희곡을 읽는다 해도 그걸 소리 내서 읽지 않았다면, 그리고 그 소리를 들어보지 않았다면 당신은 아직 쇼를 이해한 게 아니에요.
이상욱	영국에서도 안톤 체홉이나, 브레이트 같은 번역 희곡이 많이 공연될 것 같습니다. 그런 번역극 공연에서도 보이스 프랙티셔너가 함께 작업하나요?
시실리 베리	그럼요, 그때에도 언어에 대한 작업을 하죠. 그런데, 좋은 번역을 사용해야 해요.
이상욱	그러면 보이스 프랙티셔너가 선호하는 번역이나 꺼리는 번역도 있을 것 같은데요.
시실리 베리	네, 그러나 본인이 판단할 문제예요.

이상욱	그럼, 예전에 의뢰가 들어왔지만 희곡이 마음에 안 들어 거절하신 적이 있습니까?
시실리 베리	아뇨, 난 없어요.
이상욱	그런데, 『배우와 목소리』를 읽어보면 안 좋은 대본으로 작업하는 건 시간 낭비라고 쓰셨습니다.
시실리 베리	그건 수업에서 사용할 때의 경우를 말한 거예요.
이상욱	현대극을 하면 좋은 공명을 가질 수 없나요?
시실리 베리	작품마다 다르죠. 다만 현대 작품은 일상적인 소리를 담고 있어요. 우리 생활에 가까운 대사들이죠. 반면 고전 희곡, 가령 셰익스피어 같은 경우는 희곡이 음악적인 소리, 시적인 소리를 담고 있어요. 그래서 영국 배우들이 셰익스피어를 연기하는 게 힘들죠. 현대적인 화술로 들리게 말하면서도, 고양된 이미지를 받아 들여야 해요. 그게 캐릭터이니까요. 관객들을 사로잡아야 하면서도 현대인의 말로 인식되도록 해야 하고요.
이상욱	셰익스피어를 해야 배우의 소리가 바뀌나요?
시실리 베리	난 바뀐다고 말한 게 아니에요. 시적인 소리는 언어의 공명을 요구하는데, 그걸 이용할 수 있게 된다는 뜻이죠.
이상욱	내셔널 씨어터의 <워 호스>War Horse와 RSC의 작품 <말괄량이 길들이기>, <심비에 새간>을 비교해보면 배우들의 소리 내는 방식 그러니까 말하는 방식이 서로 다릅니다.[111]

---

111 <말괄량이 길들이기>는 운문 희곡, <심비에 새간>은 산문이지만 역사극, <워 호스> 는 현대 드라마이다.

시실리 베리	극작이 다르니까요. 극작이 바뀌면 말하는 방식도 바뀌게 되어 있어요. <워 호스>는 현대적인 희곡인가요? 내가 안 봐서....
이상욱	예, 영화 대본 같은 희곡이에요.
시실리 베리	배우는 대사에 담긴 리듬을 인지할 수 있어야 해요. 그 리듬이 없이는 관객에게 그 세계를 온전히 전할 수 없어요. 항상 그렇게 작업해야 해요.
이상욱	이렇게 한 번 가정해 보겠습니다. 한 학생은 음성 훈련을 2, 3년간 매일 열심히 했습니다. 단순히, 『배우와 목소리』에 있는 음성 작업뿐 아니라 『배우와 대본』The Actor and the Text에 나오는 언어 구조에 대한 훈련까지 다 흡수해서 희곡의 대사words를 통해 인물의 사고까지 받아들일 수 있게 되었다고 가정해 보겠습니다. 그럼, 이 학생은 연기법을 따로 공부할 필요가 없을까요?
시실리 베리	아뇨, 그렇게 될 수 없어요. 다른 것도 해야 해요. 움직임movement도 훈련해야 하고, 연기도 배워야 해요. 왜냐하면 배우가 음성 작업에 흡수될 수 있는 것들을 갖고 있어야 하니까요.
이상욱	그럼, 연기에 대한 경험이 부족하거나 연기 훈련을 덜 받은 배우들은 당신의 음성 작업을 통해 적게 얻어갈 수도 있단 뜻입니까?
시실리 베리	네, 그러나 그건 편협한 생각이에요.
이상욱	그럼, 결국 배우는 심리적인 기술도 훈련해야 한다는 말씀입니까?
시실리 베리	그렇죠. 그리고 거기에 덧붙여서 대본에서 대사가 어떻게 의미를 쌓아 가는지 볼 수 있어야 해요. 실제적으로 대사가 사고를 형성해 가는 방식, 한 생각이 어떻게 다음 생각으로 이끄는지, 그 생각이 어떻게 끝까지 실현되는지. 이러한 것도 볼 수 있어야 해요.

이상욱	균형 잡힌 배우가 된다는 건 어려운 일 같습니다.
시실리 베리	네, 하지만 작업해보면 찾을 수 있을 거예요.

객석 끝까지 소리를 보내는 문제에 관해

이상욱	아까 소리로 채우기 어려운 지점으로 대사를 보낼 때는 목표지점의 0.5m쯤 뒤로 보내라고 하셨잖습니까?
시실리 베리	그건 무대마다 달라요. 우리 극장이 돌출무대라 그래요.
이상욱	제가 여쭙고 싶은 건, 배우가 소리를 전달하기 어려운 곳이 무대 위의 지점입니까? 아니면 객석의 지점입니까?
시실리 베리	둘 다예요. 배우가 서 있는 곳에서 소리가 멀리 나가기 어려운 지점이죠.
이상욱	똑같은 극장인데 소리가 더 잘 전달되는 곳과 그렇지 못한 곳이 있는 건가요?
시실리 베리	그렇죠. 그래서 배우가 직접 무대 위를 돌아다니며 확인해야 해요. 지점마다 다르니까요. 무대 장치가 들어와도 소리 전달은 바뀌어요.
이상욱	배우는 무대의 모든 지점에서 소리 전달 정도를 확인하고, 공연하면서 이를 인지하고 있어야 한단 말씀이십니까?
시실리 베리	네. 그래서 리허설 때 그런 연습이 필요해요. 공연 중에 그걸 확인할 순 없죠.

이상욱	그럼 배우는 머리가 좋아야겠는데요?
시실리 베리	당연하죠. 이를 잘 알아야 해요.
이상욱	그러면 소리를 바닥 쪽으로 보내라는 건 어떤 의미입니까?
시실리 베리	어느 지점으로 소리를 보낼 때에는 단순히 그 지점 위쪽에 초점을 두지 말고, 그 지점보다 더 뒤 바닥에 두란 뜻이에요. 그래야 소리가 튕겨 올라오거든요. 바닥을 항상 소리의 반사판으로 사용하는 게 좋아요. 그래야 소리가 더 멀리 나갈 수 있어요. 바운스를 통해 소리가 강화되는 거죠. 단순히 '소리를 저리로 보내야지'라고 생각하면 소리가 잘 전달되지 않아요.
이상욱	그럼, 목표점의 바로 뒤가 좋을까요? 옆쪽의 뒤가 좋을까요?
시실리 베리	그건 중요하지 않아요. 소리가 튕겨 올라간다는 게 중요하죠.
이상욱	무대에 선 배우가 소리의 이런 차이를 구별할 수 있을까요? 어디가 더 잘 울리고, 어디는 잘 안 울리고 하는 걸요?
시실리 베리	네. 그리고 이건 공간마다 다른 문제예요. 그래서 연습을 많이 해 봐야 해요. 하지만 보통 0.5미터 정도 뒤로 보내주는 게 기본 원리예요.
이상욱	만약 우리 둘을 배우라고 가정해 보고, 지금 우리의 이 대화는 극장에서 공연하는 연기라고 가정해 보겠습니다. 객석은 저 뒤편이라고 하고요. 우리는 지금 대화를 하고 있기 때문에 저는 당신에게 말해야 합니다. 그럼, 소리도 당신에게 보내야 하지 않을까요?
시실리 베리	나에게 말해야죠. 하지만, 동시에 소리가 무대를 가로질러 객석으로 간다는 것도 인지해야 해요. 그렇게 하지 않으면 객석에서 당신

의 소리를 들을 수 없어요. 배우가 연기할 때에는 이런 접점을 잘 찾아야 해요. 상대 배우를 향해 소리를 보내는 것과 객석으로 소리를 보내는 것의 균형점 말이에요.

이상욱   그럼, 이렇게 가정해 보겠습니다. 대극장에서 연기를 하고 있어요. 당신이 객석을 등진 채 무대 깊은 곳에 있고, 당신에게 말을 하고 있기 때문에 저도 객석을 등지고 있습니다. 이때에도 저는 당신에게 말함과 동시에 제 뒤에 있는 관객을 염두에 두어야 한다는 거지요?

시실리 베리   뿐만 아니라 이때 볼륨을 높여서도 안 돼요. 그러면 그에게 말하는 게 아니지요. 음량을 키우는 게 아니라 근육성muscularity을 더 써야 해요. 배우는 항상 자신이 연기하는 공간이 소리적으로 어떤 특성이 있는지 명확하게 인식해야 해요.

이상욱   그러면, 아까 소리를 멀리 보낼 때에는 0.5m 정도 더 뒤 바닥에 초점을 두라고 하셨는데, 방금처럼 객석을 등지고 있을 때에도 그렇게 해야 한단 말씀이지요?

시실리 베리   그래서 훈련을 많이 해야 합니다. 연습 중에는 고개를 뒤로 돌려보면서 확인할 수 있으니까 그렇게 반복 연습하면서 만족할 소리를 찾아야 해요.

이상욱   이게 바로 관객과 관계를 맺는 것입니까? being on terms with audience.

시실리 베리   그렇죠.

이상욱   다행히 한국에는 큰 극장이 많지 않습니다. 대부분이 소극장이에요.

시실리 베리   저도 알아요. 그러나 그래도 이런 작업이 필요해요. 그래야 각 극장에 맞는 소리를 찾을 수 있어요. 배우들은 어느 지점이 친밀한지, 어디에서 소리를 더 써줘야 하는지 기억해야 해요.